Adalbert Metzinger

Arbeit mit Gruppen

**Achtung!
Eintragungen, Unterstreichungen etc.
sind untersagt und gelten als
Beschädigung!**
Überprüfen Sie daher bitte den Zustand des Bandes vor
der Ausleihe und melden Sie uns evtl. vorhandene
Eintragungen!

LAMBERTUS

Adalbert Metzinger

Arbeit mit Gruppen

LAMBERTUS

Bibliographische Information der Deutschen Nationalbibliothek

Die Deutsche Nationalbibliothek verzeichnet diese Publikation in der Deutschen Nationalbibliographie; detaillierte bibliographische Daten sind im Internet über http://dnb.d-nb.de abrufbar.

2. überarbeitete Auflage 2010
Alle Rechte vorbehalten
© 2010, Lambertus-Verlag, Freiburg im Breisgau
www.lambertus.de

Umschlaggestaltung: Nathalie Kupfermann, Bollschweil
Herstellung: Franz X. Stückle, Druck und Verlag, Ettenheim
ISBN 978-3-7841-1962-5

Inhalt

7	1	EINLEITUNG
9	2	DER BEGRIFF GRUPPE
13	3	GRUPPENPÄDAGOGIK
19	4	UNTERSCHIEDLICHE GRUPPENSYSTEME
33	5	ROLLEN IN DER GRUPPE
43	6	GRUPPENNORMEN
47	7	GRUPPENPHASEN
57	8	GRUPPENKONFLIKTE
67	9	SOZIOMETRIE
75	10	GRUPPENDIAGNOSE
81	11	INTERAKTIONSANALYSE
87	12	GRUPPENLEITUNG UND AUTORITÄT
11	13	GESPRÄCHSFÜHRUNG
113	14	DIE DISKUSSION IN DER GRUPPE
121	15	GRUPPENARBEIT
125	16	PÄDAGOGISCHE GRUPPENKONZEPTE
133		LITERATUR
137		DER AUTOR

1 Einleitung

Man kann die Gruppe als die „größte soziale Erfindung" des Menschen bezeichnen, denn sie prägt den Menschen nachhaltig, und sie kann auch leistungsfähiger als der Einzelne sein. Jeder Mensch steht in einer Fülle von sozialen Beziehungen innerhalb von Gruppen. Das ganze Leben spielt sich in irgendwelchen Gruppen wie Familie, Kindergartengruppe, Schulklasse, Betrieb oder Altersheim ab. Nach seinem dritten Lebensjahr verbringt ein Kind immer mehr Zeit in Gruppen, die es in seinem Verhalten beeinflussen. Der Kindergarten ermöglicht den Kindern, wenn kleine, überschaubare Gruppen existieren, genügend Kontakte und Erfahrungen in einer Gruppe, aber auch zwischen den verschiedenen Gruppen. In solchen Gruppen entwickeln sich Freundschaften, auch lernen Kinder, sich in Kleingruppen zu integrieren. So differenziert sich in jeder Gruppe eine bestimmte Ordnung heraus, die für das Kind einen Rahmen bedeutet, den es überschauen und auf den es sich verlassen kann. Ohne Gruppenkontakte würde dem Menschen sowohl die Entfaltung der eigenen Persönlichkeit erschwert, als auch die Entwicklung seines sozialen Verhaltens erheblich behindert. Die Gruppe ist somit mehr als ein manchmal stattfindendes Ereignis, sie stellt eine Lebensnotwendigkeit dar. Die heutige und zukünftige Arbeitswelt verlangt von den Arbeitnehmern zunehmend sogenannte Schlüsselqualifikationen. Sie sind dauerhafte und langfristig wirksame Fähigkeiten, Einstellungen und Werthaltungen. Sie zu fördern und zu entwickeln, zielt sowohl auf die Berufsqualifikation als auch auf die ganzheitliche Entwicklung der Persönlichkeit. Die Auszubildenden sollen neben Fach- und Methodenkompetenz auch Sozialkompetenz erlangen, die ihnen berufliche Handlungsfähigkeit sichern soll. Die Förderung der Sozialkompetenz zielt darauf hin, dass der Einzelne in der Gruppe mitarbeiten und seine Persönlichkeit entfalten kann. Gerade in der aktuellen gesellschaftlichen Situation, mit der immer ausgeprägteren Individualisierung, mit zunehmenden Problemen der Bindungsfähigkeit und einem Auseinandertreiben der Gesellschaft, ist eine Stärkung des Zusammenhalts und ein intensiveres Lernen des Miteinander-Umgehens in Gruppen notwendig, denn die Gruppe besitzt von der Kindheit bis zum Berufsleben eine wichtige Bedeutung als Lernfeld sozialer Verhaltensweisen.

2 Der Begriff Gruppe

Über den Begriff „Gruppe" liegen in den Sozialwissenschaften mehrere Definitionen vor. Die Vielschichtigkeit des Komplexes „Gruppe" verdeutlicht auch die Frage nach der unteren und oberen Grenze der Gruppengröße. Während vereinzelt die Gruppe nach unten durch die Zweiergruppe das Paar, begrenzt wird, vertritt die Mehrheit die Auffassung, dass die Gruppe erst mit der Dreizahl beginnt. Auch die obere Grenze der Gruppe liegt in der Theorie nicht einheitlich fest. Eine Gruppe setzt sich aus einer Anzahl von Personen zusammen, die in einem bestimmten Zeitraum durch relativ regelmäßige und feste Beziehungen miteinander in wechselseitiger Verbindung stehen. Eine Reihe von Merkmalen lässt die Gruppe präziser beschreiben:

(1) Zusammengehörigkeitsgefühl
Je nachdem wie häufig eine Gruppe miteinander Kontakt hat, wird auch ihr Zusammenhalt sein. Für das Entstehen eines Wir-Bewusstseins ist von Bedeutung, ob sich die Gruppe freiwillig oder aufgrund äußeren Drucks trifft. Die Stärke des Zusammengehörigkeitsgefühls entscheidet auch über Unterscheidung und Abgrenzung der Gruppe nach außen.

(2) Dauerhaftigkeit
Eine zeitweilige oder dauernde Beständigkeit zeichnet eine Gruppe aus, womit sie sich von einer flüchtigen Begegnung von Menschen oder einer Masse (z.B. Demonstration, Zuschauer in einem Stadion) unterscheidet.

(3) Interaktion und Kommunikation
Die Mitglieder der Gruppe stehen über eine gewisse Zeit hinweg in Interaktion miteinander („Face-to-Face-Kommunikation"). Mit Interaktion wird dabei das gegenseitige Agieren und Reagieren zwischen Personen bezeichnet, während sich Kommunikation auf die Übermittlung von Informationen zwischen Menschen bezieht.

(4) Gruppenziele
Gemeinsame Gruppenziele und Teilnahmemotive der Mitglieder tragen ebenfalls zum Zusammenhalt bei. Rückt das Gruppenziel in unerreich-

bare Ferne oder entstehen unter den Mitgliedern zu sehr verschiedene Zielvorstellungen, so leidet der Zusammenhalt und eine Cliquenbildung kann eintreten.

(5) Normen und Werte
Normen, Werte und Regeln ergeben sich meist selbstverständlich im Gruppenprozess. Sie dienen zur Orientierung und sollen von den Mitgliedern mehr oder weniger verpflichtend befolgt werden.

(6) Rollen
In einer Gruppe kristallisieren sich unterschiedliche Rollen (z.B. Führer/Star, Mitläufer und Außenseiter) heraus. Auf das Gruppenziel bezogen entwickelt sich meist auch eine gewisse Arbeitsteilung.

Über die untere und obere Grenze der Gruppengröße gehen die Meinungen der Autoren auseinander. Manche Soziologen betrachten bereits ein Paar als die kleinste Gruppe, während für andere eine Gruppe erst mit drei Personen beginnt.

Aufgaben

Fußball-Fanclub „Die Adler"

„Die Adler", das ist ein Fußball-Fanclub mit 25 Mitgliedern. Der Gruppe gehören nur Männer im Alter von 18 bis 35 Jahren an. Bei manchen sind Tätowierungen erkennbar, aber alle sind mit Jeans oder Lederjacken bekleidet. Zum schon fast typischen Benehmen in der Gruppe gehört ein gefühlsbetonter Körperkontakt, was vor küssen über schlagen bis um den Hals fallen reicht. Unterbrochen wird dieses Gehabe häufig von Kampfgebärden. Wegen einer flapsigen Bemerkung oder eines unbeabsichtigten Remplers kann einer schnell was auf die Nase bekommen. Mit Schals, Mützen und Fahnen in den Farben ihres Vereins betreten sie am Samstagnachmittag das Fußballstadion.

Mit dem Anpfiff legen sie mit Sprechchören und „Schlachtgesängen" los. Mitte der zweiten Halbzeit stürmen die „Die Adler" den VFR-Block und „Klatschen" dortige Fans. Ein Polizeiaufgebot trennt darauf hin beide Parteien. „Die Adler" hoffen auf einen noch „geileren Kampf" nach dem Spiel. Nach dem Schlusspfiff treffen sich „Die Adler" in einer Kneipe, wo die Einrichtung erst Mal demoliert wird. Als kurz danach die Polizei auftaucht, flüchten „Die Adler" zum Bahnhof, wo schon die „VFR-Front" wartet. Es kommt zu einem kurzen „Fight". „Die Adler" behalten die Oberhand, obwohl die „VFR-Front" nicht schlecht boxte. Jedes Wochenende wiederholt sich solcherlei Randale. Gewalt bindet „Die Adler", besonders gegen erzfeindliche Klubs. Wenn es dann zu solchen „tierischen Hauereien" kommt, gelten spezielle Gebote und ein „Ehrenkodex":

1) Bloß keine Feigheit vor dem Feinde. Ein „Adler", der flüchtet, verliert seine „Ehre". Er wird mit einer Geldstrafe belegt oder von den eigenen Leuten verprügelt.
2) In der Gruppe muss ähnlich wie im Tierreich immer wieder geklärt werden, wer der Stärkste ist. Für die Rangkämpfe gilt: Wer immer prügelt und niemals kneift, gehört irgendwann zu den Anführern der Clique.
3) Führer und Geführte hält die Idee der Kameradschaft zusammen. „Die Adler" sehen ihren Club als eine Art Heimat- und Familienersatz. Trotzdem ist das Klima in der Gruppe von Neid, Missgunst und Machtkämpfen geprägt, denn jeder will gern der Anführer sein.
4) „Die Adler" orientieren sich an einem Welt- und Feindbild, das Ausländer und Alternative als vogelfrei erklärt: „Die können wir nicht leiden, die werden dann weggeknallt."

Erarbeiten Sie die Gruppenmerkmale an dem Bericht über den Fußball-Fanclub „Die Adler"

KLASSIFIKATION DER GRUPPEN

Je nach Größe und Art können Gruppen unterteilt werden. Die folgende Übersicht vermittelt die wichtigsten Aspekte der wesentlichen Gruppenarten.	
Kleingruppe • überschaubare Zahl von Personen (8-10 Mitglieder), die sich gegenseitig kennen und häufig Kontakt haben.	*Großgruppe* • Die meisten Wissenschaftler bezeichnen eine Gruppe ab ca. 20-30 Mitgliedern als Großgruppe.
Primärgruppen • Sie sind die Gruppen, in denen der Mensch zuerst Mitglied wird (Familie, Spielgruppe). • Die Mitglieder stehen in vorwiegend emotional bestimmten, direkten und häufigen persönlichen Beziehungen zueinander. • Die geringe Gruppengröße unterstützt die gegenseitige Beeinflussung und fördert so die Entwicklung ähnlicher Einstellungen, Werte und Normen.	*Sekundärgruppen* • In ihnen wird das Individuum erst später in seinem Leben Mitglied (Kindergartengruppe, Schulklasse, Verein, Betrieb). • Sie umfassen eine größere Anzahl von Mitgliedern, und sie sind durch eine mehr bewusste Zweck- und Zielorientierung und rationale Organisation gekennzeichnet • Es herrschen bei den Gruppenmitgliedern relativ unpersönliche und spezifische und wenig emotionale Beziehungen vor.
Formelle Gruppen • Die Ziele, Normen, Rollen usw. in diesen Gruppen sind ausdrücklich vorgeschrieben (Satzung, Verordnung, Gesetze). • Sie sind fest organisiert, zweckbewusst aufgebaut und werden planmäßig geleitet.	*Informelle Gruppen* Sie entstehen spontan und stecken sich ihre Ziele selbst. Sie sind nicht fest organisiert und von daher auch nicht an eine von außen festgesetzte Ordnung oder Struktur gebunden.
Eigengruppe (Ingroup) Sie ist die Gruppe, der sich der Einzelne zugehörig fühlt und mit der er sich identifiziert. Soziale Beziehungen, Vertrautheit, Wir-Gefühl, Sympathie und Kooperation verbinden das Individuum mit dieser Gruppe. Wenn ein starkes Gefühl der Zusammengehörigkeit und Loyalität besteht, grenzt sich die Gruppe von den „Anderen" ab.	*Fremdgruppe (Outgroup)* Mit ihr verbindet das Individuum keine sozialen Beziehungen. Sie kann negativ beurteilt werden (Vorurteile) und zur Eigengruppe in Gegnerschaft stehen.
Nach dem Ausmaß der unabänderlichen Notwendigkeit einer Mitgliedschaft können freiwillige (z.B. Fußballverein) und unfreiwillige (eigene Familie) Gruppen unterschieden werden.	

3 Gruppenpädagogik

Während eines Ferienlagers herrscht Missstimmung in der Leitungsgruppe. Eine konstruktive Zusammenarbeit ist kaum mehr möglich, weil sich in der Leitergruppe Pärchenbildungen eingestellt haben.

Eine Erzieherin fertigt mit Kindergartenkindern ein Gemeinschaftsbild („Stadt") an. Unter den Kindern brechen Diskussionen aus, ob es nur Tag oder Nacht („Sonne" oder „Mond") ist. Nach gemeinsamen Überlegungen kam man zu folgendem Entschluss: Morgens kommt die Sonne auf das Bild und abends der Mond.

Martin (18 Jahre) ist Leiter einer Gruppe der Evangelischen Jugend, die 1= Jungen im Alter von 10 bis 12 Jahren umfasst. Er bemerkt, dass Albert häufig durch Albernheiten auffällt und den Gruppenkasper spielt. Anfangs haben alle über ihn gelacht, doch jetzt wirkt Alberts Verhalten in den Gruppenstunden allmählich störend.

Aus diesen drei Fallbeispielen wird ersichtlich, dass das, was der Mensch ist, immer auch in und durch die Gruppe mitbestimmt wird. Anderseits wird auch deutlich, dass die Leitung von Gruppen spezielle Kenntnisse über das Fachgebiet Gruppenpädagogik erfordert.
Gruppenpädagogik ist eine Methode, die sich bewusst der überschaubaren Kleingruppe bedient. Als Mittel der Erziehung werden gruppenpädagogische Aktivitäten und Interventionen eingesetzt, um gezielt Gruppenprozesse zu beobachten, zu analysieren und zu beeinflussen. Damit soll erreicht werden, dass sich der Einzelne in gemeinsames Handeln einbringt, dass die Gruppe selbsterzieherische Möglichkeiten nützt und die Gruppenmitglieder zusammen mit dem Gruppenleiter die Entwicklung der Gruppe aktiv mitgestalten.
Vereinfacht ausgedrückt ist die Gruppenpädagogik ein Weg, Menschen zu helfen, die sich in Gruppen zusammenfinden. Eine umfassendere Definition stammt von C.W. Müller (1987, 130): „Die Gruppenpädago-

gik ist eine Methode, die bewusst die kleine überschaubare Gruppe als Mittelpunkt und Mittel der Erziehung einsetzt, und zwar beruht die pädagogische Hilfestellung auf einer Durchleuchtung und bewussten Beeinflussung des Gruppenprozesses. Das ist eine formale Bestimmung. Inhaltlich handelt es sich um die Ablösung einer autoritären durch eine partnerschaftliche Erzieherhaltung; um das Freimachen der Aktivität des Einzelnen in einem gemeinsam gestalteten Tun (Programm); um das Ernstnehmen der selbsterzieherischen Tendenz schon in Kindheit und Jugendzeit; um das Raumgeben für ursprüngliche, entwicklungsgemäße Gemeinschafts- und Ausdrucksformen; um ein pflegendes, bildendes oder führendes Arbeiten des Gruppenleiters in einer akt v an ihrer Entwicklung mitbeteiligten Gruppe".

Gruppenpädagogik wird nach dieser Definition als eine wichtige Methode der Erziehung gesehen, die Hilfe bei der individuellen und sozialen Entwicklung des einzelnen Gruppenmitgliedes leisten soll. Was die Gruppenpädagogik auszeichnet, ist das Bemühen, das Zusammenleben in Gruppen gezielt erzieherisch zu gestalten.

Wenn die Erzieherin dabei den sozial-integrativen Leitungsstil anwendet, hat die Gruppe auch die Chance, Erziehungsvorgänge selbst zu initiieren. Im Vordergrund der Gruppenpädagogik sollte stehen, dass die Gruppe als Ort sozialen Lernens und der Persönlichkeitsentwicklung verstanden wird.

Der Erzieherin kommt hierbei die Aufgabe zu, Gruppenprozesse und die zahlreichen Interaktionen hinsichtlich ihrer erzieherischen Bedeutung für den Lernprozess anregend und konstruktiv zu unterstützen.

Magda Kelber (1971, 16 ff.) hat folgende Kennzeichen der Gruppenerziehung aufgestellt.

(1) Überschaubarkeit für die Gruppenleiterin und für das Gruppenmitglied
Als günstige Gruppengröße schlägt sie deshalb etwa zwischen fünf und fünfzehn Mitglieder vor.

(2) Absichten und Motive für die Gruppenbildung
Sie reichen von sachlichen Interessen bis zu emotionalen Bedürfnissen (Anerkennung, Sicherheit, Entspannung, Zerstreuung usw.).

(3) Gruppe als Erziehungsraum und -mittel
Dies setzt für die Erzieherin voraus, dass sie die Struktur der Gruppe und den sozio-kulturellen Hintergrund ihrer Mitglieder kennt. Ebenso muss sie

befähigt sein, den Gruppenprozess im Sinne der erzieherischen Ziele zu steuern.

(4) Leitung der Gruppe
Die Leiterin beschäftigt sich mit den möglichen Führungsstilen, reflektiert ihre eigenen Neigungen in diese oder die andere Richtung und ist bestrebt, die Gruppe zu demokratischem Verhalten hinzuführen: "Der pädagogisch verantwortliche Gruppenleiter wird die gruppeneigene Führung fördern und stützen, und er wird mit wachsender Reife der Gruppe mehr und mehr zu ihrem Berater. Seine berufliche Beziehung lässt ihn ein persönliches, jedoch nicht privates, ein vertrauensvolles, jedoch nicht vertrauliches Verhältnis zu jedem einzelnen suchen, in dem vorurteilsfreie Annahme nicht zur kritiklosen Billigung und Akzeptieren nicht zum Verzicht auf Maßstäbe und Forderungen wird" (Kelber, 1971, 19).

(5) Pädagogische Grundsätze
Die Gruppenpädagogik hat sich bei ihrer Anwendung in der Praxis an einigen wichtigen Prinzipien zu orientieren:

- *Individualisieren*
  Von der Gruppenleiterin wird verlangt, dass sie sowohl der Gesamtgruppe als auch den einzelnen Mitgliedern Förderung und Hilfe anbietet. Es geht hierbei um die Entfaltung einzelner, die unterschiedlich begabt, veranlagt und entwickelt sind und die unter Mithilfe aller anderen, einschließlich der Gruppenleiterin, erzogen werden.
- *Mit der Stärke arbeiten*
  Eine günstige Unterstützung für jedes einzelne Gruppenmitglied ist vor allem das Aufdecken seiner starken Seiten. Die Leiterin soll diese Vorzüge, die auch bei „schwachen" Kindern zu finden sind, aufspüren und hier echte Bestätigung ermöglichen. Ermutigende Erfolgserlebnisse lassen Vertrauen und Wachstum entstehen, die wiederum im Laufe der Gruppenentwicklung auch den Umgang untereinander positiv unterstützen können.
- *Anfangen, wo die Gruppe steht*
  Die Leiterin klärt durch Beobachten, Gespräch, Befragung und mit Hilfe ihrer speziellen Kenntnisse die Interessen, Wertvorstellungen, Erfahrungen und sozialen Bindungen der Gruppenmitglieder und beachtet dabei, wie groß die Unterschiede innerhalb der Gruppe in den

verschiedenen Bereichen sind. Als Ausgangspunkt, was die Gruppe leisten kann, muss der reale Ist-Zustand und nicht ein ehrgeiziges und illusorisches Anspruchsniveau angenommen werden.
- *Sich mit der Gruppe - ihrem Tempo entsprechend - in Bewegung setzen*
  Dieser Grundsatz beinhaltet, dass die Gruppe gemäß ihrem Tempo vorangeht, um sich neue Gebiete und Erkenntnisse anzueignen und um höhere Anforderungen zu bewältigen. Hierbei wird die Gruppe an der Zielfindung und der Planung einzelner Schritte soweit wie möglich miteinbezogen, um die Mitglieder auch vor Überforderung zu bewahren.
- *Raum für Entscheidungen geben*
  In der Gruppe soll gelernt werden, wie deren Mitglieder gemeinsame Entscheidungen herbeiführen, wobei ein Verfahren mit Beratung, Abstimmung und der Suche nach dem Kompromiss oder der Synthese dienlich ist: „Mehrheiten müssen lernen, Minderheiten zu respektieren, und Minderheiten müssen lernen, sich einem Mehrheitsbeschluss loyal zu beugen" (Kelber, 1971, 21).
- *Notwendige Grenzen positiv nutzen*
  Nicht alle Entscheidungen können der Gruppe allein überlassen werden, denn von der sachlichen Notwendigkeit und der nicht immer übersehbaren Tragweite her, gehören allen Mitgliedern verständlich gemachte Grenzen zum demokratischen Erziehungsprozess. Das Erkennen und Respektieren von begründeten Grenzen der Entscheidungsbefugnisse kann den Wachstumsprozess der Gruppe fördern.
- *Zusammenarbeit mehr pflegen als Einzelwettbewerb*
  Eine Leistungsgesellschaft, die häufig Einzelleistungen, Konkurrenzdenken, Egoismus und den eigenen Vorteil stärker fördert als kooperatives Verhalten, braucht als einen gewissen Ausgleich die Gruppe. Dort können gegenseitiges Unterstützen, Helfen, Teilen und Kooperieren gepflegt und soziale Fähigkeiten entwickelt werden. Die Form des Gruppenwettbewerbs ist nur dann gerechtfertigt, wenn die Gruppe angeregt wird, ihren schwächeren Mitgliedern zu besseren Leistungen zu verhelfen. Das Motto lautet: „Miteinander statt gegeneinander zu arbeiten".
- *Sich überflüssig machen*
  Die Gruppenleiterin versucht, abhängig vom Entwicklungsstand der Gruppe, das jeweilige Maß an Aktivität oder Zurückhaltung zu be-

stimmen, wobei sie ihre Rolle von der einer Anregerin zunehmend zu der einer Beraterin verändert.

Auf diesem Gesichtspunkt basiert die Faustregel: „So aktiv wie nötig, so passiv wie möglich".

4 Unterschiedliche Gruppensysteme

4.1 KINDERGARTENGRUPPE

Mit dem Beginn jedes neuen Kindergartenjahres bilden sich immer wieder neue Gruppen oder bereits bestehende Gruppen werden durch neu aufgenommene Kinder erweitert. Kein Kind kommt in sozialer Hinsicht als „unbeschriebenes Blatt" in den Kindergarten, denn sein Verhalten in der Gruppe ist davon bestimmt, welche Erfahrungen es in seiner ersten Gruppe, der Familie, gemacht oder auch nicht gemacht hat. Selbstverständlich ist die Gruppenfähigkeit und das Gemeinschaftsgefühl des Kindergartenkindes aufgrund seines Alters und Entwicklungsstandes noch nicht voll entwickelt. Trotzdem kommt der Kindergartengruppe hinsichtlich Sozialverhalten und Persönlichkeitsentfaltung große Bedeutung zu.

Eine Kindergartengruppe, wie sie sich im allgemeinen darstellt, lässt sich wie folgt beschreiben:

- Bei einer Kindergartengruppe handelt es sich meist um eine relativ große Gruppe von ca. 20 bis 28 Kindern. Teilweise kennen sich manche Kinder persönlich, aber die Beziehungen untereinander sind nicht immer so intensiv.
- Die Gruppe ist heterogen. In ihr sind drei-, vier-, fünf- und sechsjährige Mädchen und Jungen zusammengeschlossen. Diese Altersmischung schafft ein soziales Übungsfeld, wo die Jüngeren von den Älteren neue Verhaltensweisen kennenlernen und beim Erwerb dieser Verhaltensweisen Hilfe erhalten (z.B. beim Ankleiden oder Aufräumen).
- Die Kindergartengruppe wird von einer Erzieherin geleitet, die vom Träger der Einrichtung eingestellt wurde.
- Die Gruppe unterliegt einem häufigen Wechsel. Dieser Wechsel bezieht sich auf die Mitglieder (Neulinge und solche, die die Gruppe verlassen), als auch auf die Erzieherinnen.
- Zum Teil bestimmen von außen festgesetzte Ziele (z.B. Kindergartengesetz) sowie Regeln und Normen (z.B. Aufsichtspflicht) die Gruppe.
- In einer so großen Gruppe bilden sich häufig verschiedene Untergruppen, indem z.B. drei oder vier Kinder öfters zusammen spielen

und sich auch außerhalb des Kindergartens treffen. Diese Untergruppen können sich teilweise von der Gesamtgruppe bzw. meist lose gegen andere Untergruppen abgrenzen, sich vergrößern, sich verkleinern, sich trennen oder nur zu bestimmten Zeiten am Tag in Erscheinung treten.
- Den Mitgliedern der Kindergartengruppe fehlen gewisse Voraussetzungen zu einer echten Gruppenbildung. Einem ausgeprägten kooperativen Verhalten stehen entwicklungsbedingte Faktoren entgegen.

Die Erfahrungen, die die Kinder in der Kindergartengruppe machen, werden mitentscheidend dafür sein, wie sie sich später in anderen Gruppen zurechtfinden. So ist die Kindergartengruppe Mittel und Zweck zugleich: Durch die Kindergartengruppe sollen die Kinder in ihrem Sozialverhalten und ihrer Gruppenfähigkeit gefördert werden.

Die hier aufgezeigten Merkmale kennzeichnen die sog. Stammgruppen in den Kindergärten. Die zunehmende Einführung des Konzeptes des offenen Kindergartens (vgl. Becker-Textor/Textor, 1997) hat den Charakter der Gruppen in den Kindergärten verändert. Im Vergleich zu den Stammgruppen lässt sich eine Gruppe im offenen Kindergarten durch folgende Faktoren beschreiben:

- Die Kinder suchen sich ihre Gruppen selbst (z.B. bei einer Entscheidung für ein Projekt).
- Die Gruppenbildung verlagert sich stärker in die Verantwortung der Kinder und wird weniger von den Entscheidungen der Erzieherinnen beeinflusst.
- Die Kinder orientieren sich an einem gemeinsamen Ziel, das sie selbst festgelegt haben.
- Sie schließen sich spontan zu Gruppen zusammen, je nach dem, für welchen Spiel- oder Funktionsraum sie sich entschließen, wobei dann häufig immer wieder dieselben Kinder zum Spielen zusammenkommen.
- Sie spielen und handeln vermehrt in Kleingruppen, deshalb haben die Kinder mehr Möglichkeiten für Erfahrungen und Lernprozesse als in einer Gruppe von 25 - 28 Kindern.

- Das einzelne Kind ist nicht mehr von der Gruppe, der es beim Eintritt in den Kindergarten zugeteilt wurde, abhängig: "Gerät es, aus was für Gründen auch immer, in einer Projektgruppe in eine Außenseiterposition, so kann es in einer anderen Gruppe andere Erfahrungen machen und sich so eher von negativen Rollenzuschreibungen lösen" (Böhm, 2000, S. 11).

4.1.1 Kleinkinder (0 - 3 Jahre)

Kindergärten stehen zurzeit vor großen Herausforderungen. Eine davon ist die Betreuung von Kindern unter drei Jahren. Als Anfang 1989 die damalige Familienministerin U. Lehr (CDU) forderte, dass Kindergärten prinzipiell schon für Kinder ab zwei Jahren offenstehen sollten, wurde sie von ihrer eigenen Partei, Verbänden (wie z.b. Caritas) und Kinderärzten heftig kritisiert. Die Gegner sprachen von einem "Affront" gegen alle Mütter, die ihren Kindern zuliebe auf Berufstätigkeit verzichteten. Die breite Front der Ablehnung verhinderte letztendlich zum damaligen Zeitpunkt die Umsetzung der Vorschläge von U. Lehr. Mit ihrer Forderung nach einem konsequenten Ausbau der öffentlichen Betreuung von Kindern unter drei Jahren hat die frühere Bundesfamilienministerin von der Leyen bei weitem die Gemüter nicht so erregt wie vor 19 Jahren. Aufgrund der heutigen größeren Akzeptanz ihres Vorhabens, wird ihre Forderung - zwar schleppend - in die Praxis umgesetzt. Eine große Zahl von Kindergärten hat von sich aus schon längst begonnen, Kinder unter drei Jahren in ihre Einrichtungen aufzunehmen. Dabei werden im Wesentlichen drei Modelle der Integration von unter dreijährigen Kindern verfolgt:

- Kinderkrippe (1- 3 Jahre)
  Je nach Bedarf der Eltern können die Kinder im Alter von einem bis zu drei Jahren entweder am Vormittag oder am Nachmittag bzw. auch ganztags (z.B. von 7.30 - 18.00 Uhr) in Gruppen von ca. 10 Kindern betreut werden.
- Altersgemischte Gruppen in Kindergärten (1- 6 Jahre)
  Diese Möglichkeit wird meist dort praktiziert, wo aufgrund günstiger personeller und räumlicher Bedingungen eine relativ geringe Zahl

von Kindern unter drei Jahren (z.B. drei bis fünf Kinder) in eine Gruppe aufgenommen werden können.
- Altersgemischte Gruppen in Kindergärten (1- 3 Jahre)
Wenn ein Kindergarten viele Kinder unter drei Jahren aufnimmt, werden für diese Kinder auch spezielle Gruppen mit einer Altersmischung von einem bis zu drei Jahren eingerichtet (Gruppengröße: 10 - 12 Kinder).

Alle drei Modelle sind stark abhängig von den räumlichen und personellen Bedingungen in den Einrichtungen. Entscheidend ist hier die Frage, wie die Plätze für diese Kinder beschaffen sind, damit ein gewisser qualitativer Standard gesichert ist. Das vorgestellte Modell „Altersgemischte Gruppen in Kindergärten (1- 6 Jahre)" unterscheidet sich hauptsächlich von den beiden anderen durch die erweiterte Altersmischung.

Hier bietet sich für die Kleinen die Chance, dass sie nicht nur von der Erzieherin lernen, sondern auch von den älteren Kindern profitieren. Eine solche Gruppenbildung wirkt sich positiv auf die frühe Selbständigkeit und Selbstsicherheit der Kleinen aus. So werden z.B. nicht mehr der Erzieherin die Schuhe zum Anziehen gebracht, sondern einem älteren Kind. Durch die älteren Kinder gehen auch ständig neue Sprachimpulse sowie Spielideen aus. Da das Kleinkind hauptsächlich noch durch Nachahmung lernt, befindet es sich hier in einer Art „Lernbad". Das Modellprojekt der Landeshauptstadt Stuttgart sowie des Landeswohlfahrtsverbandes Württemberg-Hohenzollern kam zu dem Ergebnis, dass Kinder „den Kontakt mit älteren, in der Entwicklung fortgeschritteneren Kindern und den Kontakt zu gleich kompetenten Kindern" (Haug-Schnabel/Bensel, 2006, S. 49) benötigen.

Eingewöhnungsphase

Diese Phase erhält bei der Integration von Kindern unter drei Jahren aufgrund der früheren Trennung von den Eltern eine entscheidende Bedeutung. Bei der Eingewöhnung sollten folgende Punkte beachtet werden:

- Ungefähr sechs bis acht Wochen vor der Aufnahme des Kindes sollte mit den Eltern ein Aufnahmegespräch geführt werden. Dieses Gespräch hat in erster Linie das Ziel, Ängste der Eltern abzubauen, denn die Abnabelung in diesem frühen Alter ist auch für die Eltern ein schwieriger Prozess. Inhaltlich werden von der Erzieherin hauptsächlich Informationen über die Einrichtung (Tagesablauf, Konzeption, Personalstruktur) vermittelt. Wichtig sind auch die Klärung entwicklungsspezifischer Fragen (z.B. Gehen können, Sauberkeitserziehung, Selbständigkeit beim Anziehen usw.) und die Mitteilung der Eltern über bestimmte Vorlieben und Regelmäßigkeiten des Kindes (Bilderbücher, Kuscheltier zum Einschlafen usw.).
- Schnupperzeiten (drei bis vier Wochen)
  Der Ablauf kann so aussehen, dass ein Elternteil in den ersten zwei Wochen gemeinsam mit dem Kind für zwei bis drei Stunden eine Kindergartengruppe besucht. Während dieser Zeit spielt die Mutter oder der Vater mit dem Kind und sie erforschen gemeinsam die neue Umgebung. Ist das Kind im Spiel vertieft, kann sich seine Bezugsperson auch einmal einige Schritte entfernen, sollte aber im Raum bleiben, damit sich das Kind sicher fühlt. Die Erzieherin beginnt mit dem Kind in Kontakt zu treten, lässt aber zu, dass das Kind zunächst wieder den Kontakt zur Mutter oder zum Vater sucht. Hat sich das Kind nach etwa zwei Wochen an sein neues Umfeld gewöhnt, werden die Eltern gebeten, den Raum für einige Zeit zu verlassen, aber in der Nähe zu bleiben. So können sie jederzeit wieder hereingeholt werden, falls sich das Kind von der Erzieherin noch nicht beruhigen lässt. Während dieser Zeit zeigt die Erzieherin dem Kind die verschiedenen Spielmaterialien und setzt sich zusammen mit dem Kind an den Frühstückstisch. In der dritten Woche besucht das Kind nun schon halbtags die Einrichtung und bleibt bis nach dem Mittagessen, die Eltern sind immer noch mit dabei, verlassen aber schon für ein bis zwei Stunden den Raum. Wichtig ist hierbei, dass sich der Elternteil immer vom Kind verabschiedet. Es fällt dem Kind nicht leicht, von den Bezugspersonen getrennt zu sein, aber andererseits können die Kinder in diesem Alter noch leicht abgelenkt werden. Sie sind eher für spielerische Anreize empfänglich als dreijährige Kinder, die sich nach der Trennung von der Mutter z.B. nicht von einer Kugelbahn begeistern lassen. In der letzten Woche der Eingewöhnungsphase besucht

das Kind so lange die Einrichtung, wie die Betreuungsform von den Eltern gewählt wurde (Regelzeit, verlängerte Öffnungszeit oder ganztags). Das Kind erlebt nun einen ganz normalen Tagesablauf mit Frühstück, Mittagessen und Mittagsschlaf in der Einrichtung. Die Eltern sollten aber während dieser Phase in der Nähe oder telefonisch erreichbar sein. Ob die Eingewöhnung des Kindes gelungen ist, können die Erzieherinnen u.a. daran erkennen, dass es gerne in die Einrichtung geht und wie es sich von der Mutter oder dem Vater lösen kann. Wenn das Kind alleine ins Spiel findet und nicht mehr unbeteiligt in einer Ecke steht, ist dies ebenfalls ein Zeichen dafür, dass sich das Kind wohl fühlt und in der Gruppe angekommen ist. Erfüllt ein Kind trotz dem Bemühen der Erzieherinnen und der Eingewöhnungsphase diese Kriterien nicht, sollte gemeinsam mit den Eltern diese Betreuungsform noch mal überdacht und nach einer Lösung gesucht werden, die dem Kind mehr entgegenkommt und die es nicht überfordert.

Feste Bezugserzieherin

Hinsichtlich der Gruppenformen und der Altersstruktur in den Gruppen brauchen die Kinder unter drei Jahren, „um sich sicher und geborgen zu fühlen, Kontinuität und Verlässlichkeit in der Beziehung zur Erzieherin und im Kontakt mit anderen Kindern" (Viernickel/Völkel, 2008, S. 46). Besonders während der Eingewöhnungsphase ist es für das Kind wichtig, dass es eine feste und vertraute Bezugserzieherin hat. Das Kind sowie die Eltern haben deshalb gleich zu Beginn eine bekannte Ansprechperson und das Kind wird durch einen Wechsel der Erzieherinnen nicht überfordert. Die Kontinuität der Beziehungen sollte sich aber auch auf die Kontakte der Kinder untereinander erstrecken. Im Falle von Engpässen bei Gruppenaufteilungen ist deshalb darauf zu schauen, dass die Kinder unter drei Jahren mit beliebten Spielpartnern zusammenbleiben können.

Anforderungen an die Erzieherin

Die Grundhaltungen Akzeptanz, Kongruenz und Empathie sind Voraussetzung dafür, dass die Erzieherin dem Kind Bezugs- und Entwicklungspartnerin sein kann. Die Empathie ist bei dieser Arbeit wichtig, da sich das Kleinkind zwischen dem ersten und zweiten Lebensjahr noch nicht ausreichend verbal verständigen kann, um seine Bedürfnisse mitzuteilen. Um diese Bedürfnisse zu erkennen, muss sich die Erzieherin in die Lage des Kindes versetzen können, z.b. wie schlimm es für ein Kind sein kann, wenn es seine Mutter mehrere Stunden entbehren und noch die Aufmerksamkeit der neu gewonnenen Bezugsperson mit anderen Kindern teilen muss. Um diese Grundhaltungen erfüllen zu können, sollte die Erzieherin eine stabile und belastbare Persönlichkeit sein und ein hohes Verantwortungsbewusstsein besitzen. Geduld ist ein weiteres, sehr wichtiges Kriterium, da Kinder unter drei Jahren aufgrund ihres noch frühen Lernstadiums häufig auf die Prinzipien Übung und Wiederholung sowie dem Prinzip der Teilschritte angewiesen sind. Die aufmerksame Beobachtung der Verhaltensweisen sowie der allgemeinen Entwicklung des Kindes sind ein wichtiger Teil der täglichen Arbeit einer Erzieherin.

> Die Erfahrungen, die die Kinder in den Gruppen des Kindergartens machen, werden mitentscheidend dafür sein, wie sie sich später in anderen Gruppen zurechtfinden.

4.2 Team

Zunächst trägt jede Erzieherin für ihre Gruppe und deren Leitung Verantwortung. Da aber in der Regel im Kindergarten, Heim, Jugendzentrum oder Hort mehrere Erzieherinnen beschäftigt sind, macht dies eine Zusammenarbeit zwischen den pädagogischen Fachkräften erforderlich.

> Die sich daraus ergebende Teamarbeit (Team = Mannschaft, Arbeitsgruppe) bezieht sich auf kooperative Verhaltensweisen von Fachleuten, die gemeinsam Aufgaben bearbeiten und lösen (z.B. Fallbesprechungen bei verhaltensauffälligen Kindern).

Das Team ist eine Gruppe von ca. drei bis zehn Personen, die über einen längeren Zeitraum hinweg an einer gemeinsamen Aufgabe arbeitet. Ein sozialpädagogisches Team kann homogen (Mitglieder eines Berufes) oder heterogen (Mitglieder unterschiedlicher Berufsgruppen) sein. Teamarbeit zielt auf eine Stärkung der Zufriedenheit der Mitarbeiter (z.B. Mitbestimmung), Entfaltung der fachlichen und sozialen Fähigkeiten der Mitarbeiter, effektivere Arbeit (Vereinheitlichung der Arbeit und Vorgehensweise, Abstimmung von Aufgaben, Einbeziehen von verschiedenem Wissen und unterschiedlichen Erfahrungen, Einzuziehen von Sachverständigen).

Als wichtige Voraussetzungen der Teamarbeit sind zu nennen:

- Im Team arbeiten alle Mitglieder gleichberechtigt und aufgabenbezogen.
- Gemeinsames Ziel: Je klarer die Zielsetzung ist, desto besser sind die Voraussetzungen, es zu erreichen.
- Anerkennung unterschiedlicher Fähigkeiten der Einzelnen: Jedes Mitglied bringt seine fachlichen und persönlichen Kompetenzen in die Arbeit mit ein.
- Bereitschaft zur Kommunikation, Kooperation und zum Informationsaustausch
- Konfliktfähigkeit
- Beratung und Suche nach Alternativen, bis die Beteiligten bei einer Entscheidung eine optimale Lösung im Konsens gefunden haben.
- Das Team ist in seiner Gesamtheit für sein Arbeitsergebnis verantwortlich.
- Klare Zeitstrukturen
- Zusammenstellung eines teamfähigen Teams.

Merkmale der Teamarbeit

Nach Müller-Timmermann/Krenz (2007, S. 445) lässt sich ein erfolgreicher Entwicklungsprozess an folgenden Merkmalen der Teamarbeit festmachen. Die Teammitglieder

- stellen häufiger Fragen aneinander und drücken ihre Meinungen und Gefühle offener aus,
- reden ehrlicher miteinander, hören einander bereitwillig zu und versuchen, andere Positionen zu verstehen,
- akzeptieren Spielregeln und beginnen, selbst neue aufzustellen,
- können die gegenseitige Abhängigkeit eher hinnehmen, einander unterstützen und kleinliche Streits und Vorteile auf Kosten anderer vermeiden,
- trauen sich, das Wissen und die Talente der Einzelnen verstärkt zu nutzen,
- akzeptieren die Positionen und Zuständigkeiten aller,
- beginnen, Konflikte nicht nur unter den Teppich zu kehren, sondern als Chance zur Weiterentwicklung zu nutzen. Deshalb sprechen sie Spannungen an und suchen gemeinsam nach Lösungsmöglichkeiten,
- informieren sich und andere so, dass die Arbeitsabläufe transparent werden,
- beteiligen sich aktiv an Entscheidungsprozessen und akzeptieren die Autorität der Leitung.

Leitungskräfte in Teams von Erzieherinnen befinden sich in einer besonderen Position, denn als Leiterin übernehmen sie eine manchmal schwierige Doppelrolle als Teammitglied und als Leitungskraft. Eine erfolgreiche Teamentwicklung wird von Seiten der Leiterin unterstützt, wenn sie Aufgaben delegiert, Teamarbeit fördert und sie auf eine motivierende Führung und einen partnerschaftlichen Führungsstil achtet.

Die Umsetzung der aufgezeigten Grundsätze der Teamarbeit dient als Basis für eine erfolgreiche pädagogische Arbeit, kann deren Qualität erhöhen und sich als Modell positiv auf Kinder und Eltern auswirken.

Aufgaben

Unzufriedenheit im Team

Nach der Entscheidung, einen neuen Schulzweig an einer Berufsschule einzurichten, wurde ein Abteilungsleiter gebeten, gemein-

sam mit vier Lehrkräften die Strukturen dafür auszuarbeiten Diese Arbeit wurde kooperativ geleistet, führte zu anregenden Diskussionen und forderte häufig Überstunden. Die Besprechungen waren durch Offenheit und Kollegialität bestimmt und die Zufriedenheit aller Beteiligten trotz der erheblichen Arbeitsbelastung hoch.
Als die Schülerzahlen stiegen, wurde das Team rasch erweitert. Es bestand schließlich aus 15 Lehrern. Da die Strukturen des Schulzweigs weitgehend festgelegt waren, sank die Arbeitsbelastung; Überstunden nahmen ab und gemeinsame Besprechungen wurden seltener als zuvor. Dennoch hielt man daran fest, sich als Gesamtgruppe mindestens einmal im Monat zu treffen, um angefallene Probleme kooperativ zu lösen.
Die Offenheit, die die früheren Besprechungen ausgezeichnet hatte, ging dabei mehr und mehr verloren. Entscheidungen wurden meist unmittelbar vor den Besprechungen in kleinen Teilgruppen, die durch bestimmte Interessen verbunden waren, ausgehandelt. Obwohl die Mitglieder des Teams anderen Mitgliedern des Lehrerkollegiums gegenüber immer wieder den kooperativen und partnerschaftlichen Stil in ihrer Gruppe betonten und die gemeinsamen Sitzungen als Beweis anführten, herrschten innerhalb des Teams doch wachsende Unzufriedenheit und mancherlei Spannungen, obwohl kaum direkte persönliche Feindschaften festzustellen waren. Den gemeinsamen Besprechungen sahen fast alle mit Unbehagen entgegen! Dennoch plädierte niemand dafür, auf sie zu verzichten. Jene, die bereits in der Anfangszeit im Team tätig gewesen waren, dachten oft wehmütig an die "alten Zeiten" zurück.

1) Wie erklären Sie sich die wachsende Unzufriedenheit im Team?
2) Warum wurde Fremden gegenüber die Unzufriedenheit mit der Lage in der eigenen Gruppe nicht zugegeben?
3) Warum wurde nicht für die Abschaffung der gemeinsamen Besprechungen plädiert?
4) Was würden Sie vorschlagen, um die Zufriedenheit im Team wieder zu erhöhen?

4.3 SCHULKLASSE

Ihrer Zusammensetzung nach ist die Schulklasse am Anfang eine unverbundene Menge von Individuen. Spezieller wird die Klasse gekennzeichnet durch

- das Zusammensein im gleichen Raum
- durch das Ausrichten auf den Lehrer und in der Folge auf den Unterricht
- durch von außen her auferlegte Normen (behördliche Verordnungen, Richtlinien usw.)

Als weitere Merkmale der Schulklasse lassen sich anführen:
- *Zwangsgebilde*
  Für jeden Schüler besteht Schulpflicht, die sich auf den regelmäßigen Besuch des Unterrichts erstreckt.
- *Interaktion*
  Typische Interaktionsformen in der Klasse sind:
    - Im Leistungsbereich der Wettbewerb mit gelegentlichen Tendenzen zur Kooperation bzw. zum Konflikt
    - Im sozialen Bereich Kompromiss und Anpassung aber auch gelegentliche Konflikte
    - Eingeschränkte Kontakte während des Unterrichts untereinander und mit dem Lehrer
- *Struktur*
  Der formellen Rangordnung liegt die schulische Tüchtigkeit (Begabung, Notenbewertung) des einzelnen Schülers zugrunde. Auf ganz andere Qualitäten bezieht sich die informelle Rangordnung (Beliebtheit, körperliche Überlegenheit usw.). Die Struktur der Klasse ist bestimmt von den Spannungen zwischen formeller Organisation (Leistungsanforderungen, Konkurrenz) und informellen sozial-emotionalen Beziehungen (individuelle Bedürfnisse, Solidarität). In jeder Klasse bilden sich informelle Normen und Strukturen (Kleidung, Umgang mit dem Lehrer, Spielregeln, Hierarchien, Existenz von Cliquen, Akzeptanz und Ablehnung von Klassenkameraden usw.). Da das Schulsystem die Individualisierung des Leistungsverhaltens fordert, wird das soziale Geschehen und die Struktur der Schulklasse

von der Spannung zwischen Konkurrenz und Solidarität geprägt. Abschließend kann der spezifische Charakter der Schulklasse als Gruppe folgendermaßen zusammengefasst werden: „Die Schulklasse ist eine Zwangsgemeinschaft im Sinne einer fremdbestimmten Konkurrenzgruppe mit kontaktreichen Kommunikations- und Machtstrukturen, die im Verlauf einer sub-institutionellen Gruppenbildung zu einer Sympathie- und Interessengemeinschaft werden bzw. sich in einzelne Sympathiegemeinschaften ausgliedern kann" (Ulich 1974, 93).

4.4 Peer Group

Das englische Wort „Peer Group" (peer = Gleicher, Ebenbürtiger) bezieht sich auf informelle Gruppen, die spontan entstanden sind und an keine Institution gebunden sind. In der Fachsprache wird darunter ein Zusammenschluss von annähernd gleichaltrigen Kindern bzw. Jugendlichen verstanden. Wesentliche Kennzeichen von Peer Groups sind:

- Spontane und ohne direkte Einwirkung von Erwachsenen erfolgende Gruppenbildung
- Freiwillige Mitgliedschaft aufgrund von Sympathie bzw. ähnlicher Bedürfnisse (Spiel-, Freizeitgruppen)
- Unbeständige Rangordnung
- Primärgruppen, d.h. die Mitglieder haben enge emotionale Beziehungen, Zusammenhalt und ein Wir-Gefühl entwickelt.

Peer Groups entstehen in der Nachbarschaft, auf der Straße und in Schulen. Peer Groups bauen auf freiwilligen Freundschaftsbeziehungen auf. Peer Groups bilden sich mehr informell als Cliquen oder mehr formell als Freizeitgruppe (Arbeitskreis, Fußballmannschaft, Rockband, Pfadfinder usw.). Öfters kommen Fluktuationen vor, während in der Regel die Mitgliedschaft von Erwachsenen ausgeschlossen ist. Peer Groups haben auch eine wichtige Sozialisationsfunktion, denn in solchen Gruppen können Kinder und Jugendliche eigenständige, von der Herkunftsfamilie und der Erwachsenenwelt abweichende Verhaltensweisen ausprobieren und entwickeln. Durch diese Gruppen findet häufig eine erste Ablösung vom Elternhaus statt. Das Kind oder der Jugendliche orientiert sich in seinem Verhalten nicht mehr ausschließlich an den Eltern und den Erwachsenen, sondern an Gleichaltrigen. Die Ansichten der Clique haben für den Jugendlichen oft mehr Bedeutung, als die Ansichten der Eltern. Freunde aus der Peer Group können häufig mehr Einfluss auf Entscheidungen (Abgang von der Schule, Berufswahl) nehmen, als die Erwartungen und Wünsche der Eltern. Die Peer Group kann sowohl einen negativen, als auch einen positiven erzieherischen Einfluss ausüben (Erwerb und Änderung von Einstellungen oder Vorurteilen, Gruppendruck, Konformität, Befriedigung eigener Bedürfnisse, dauerhafte Freundschaften). Eltern und Erzieherinnen sollten den Kindern und Jugendlichen den Zugang zu Peer Groups möglich machen und Kinder und Jugendliche befähigen, den negativen Einfluss einer Gruppe zu erkennen und sich dagegen zur Wehr zu setzen.

5 Rollen in der Gruppe

In Gruppen treffen Menschen aufeinander, die sich zum Teil erheblich voneinander unterscheiden können. Diese Unterschiede beziehen sich auf Interessen, Bedürfnisse, Fähigkeiten, Eigenschaften, Erfahrungen, Schichtzugehörigkeit, Geschlecht und Alter. Wenn dabei beim einzelnen Mitglied ein bestimmtes Verhalten immer wieder auftritt und weitgehend beständig bleibt, werden letztendlich an dieses Gruppenmitglied Erwartungen gerichtet, die in die Übernahme einer Rolle münden. Jede Gruppe erwartet vom Einzelnen, dass er sich in einer bestimmten Art und Weise verhalten soll. So erfolgt z.B. in jeder Gruppe eine gewisse Aufgabenverteilung, d.h. einer ist der Führer und Manager, ein anderer vielleicht der Unterhalter, Ideengeber oder Vermittler. An jede Rolle sind Erwartungen geknüpft, die ihre besondere Bedeutung für den Rollenträger und für die Gruppe festlegen.

Die Rolle entwickelt sich in dauernder Wechselwirkung zwischen der Persönlichkeit des Rollenträgers und den Erwartungshaltungen, die ihm die Gruppe entgegenbringt. Ein Gruppenmitglied z.B., das häufig zu Späßen und Witzen aufgelegt ist und gerne bei passender oder auch unpassender Gelegenheit auffällt, kann durch die Erwartungshaltung der Gruppe die Rolle des Gruppenclowns zugewiesen bekommen.

Der Begriff Rolle umfasst die Gesamtheit von Verhaltenserwartungen und Verhaltensanforderungen, die an ein Individuum in einer bestimmten sozialen Position innerhalb einer Gruppe geknüpft sind. Die Ausformung und Zuordnung der Rolle wird wesentlich von zwei Gegebenheiten bestimmt:

- von den individuellen Eigenarten und Persönlichkeitsmerkmalen des Rollenträgers selbst
- und von der Erwartungshaltung der Gruppe.

Jedes Gruppenmitglied übernimmt im Laufe der Zeit innerhalb der Gruppe eine bestimmte Rolle, wobei sich bestimmte Rollenfunktionen entwickeln. Diese lassen sich nach Brocher (1999, 137) in „Aufgabenrollen" und „Erhaltungs- und Aufbaurollen" klassifizieren. Außerdem führt er noch „dysfunktionale Rollen" an, die gegen jede konstruktive Beteiligung am Gruppenleben gerichtet sind.

Unter „Aufgabenrollen" versteht Brocher Funktionen, die für die Gruppe bei der Einhaltung von Zielen und der Durchführung von Aufgaben notwendig sind:

Aufgabenrollen

> (1) Initiative und Aktivitätslösungen vorschlagen, neue Ideen vorbringen, neue Definitionen eines gegebenen Problems versuchen, neues In-Angriff-Nehmen des Problems, Neuorganisation des Materials.
> (2) Informationssuche = Frage nach genauerer Klärung von Vorschlägen, Forderung nach ergänzenden Informationen oder Tatsachen.
> (3) Meinungserkundung = Versuche, bestimmte Gefühlsäußerungen von Mitgliedern zu bekommen, die sich auf die Abklärung von Werten, Vorschlägen oder Ideen beziehen.
> (4) Informationen geben = Angebot von Tatsachen oder Generalisierungen. Verbinden der eigenen Erfahrung mit dem Gruppenproblem, um daran bestimmte Punkte und Vorgänge zu erläutern.
> (5) Meinung geben = Äußern einer Meinung oder Überzeugung einen oder mehrere Vorschläge betreffend, speziell eher hinsichtlich seines Wertes, als der faktischen Basis.
> (6) Ausarbeiten = Abklären, Beispiele geben oder Bedeutungen entwikkeln; Versuche, sich vorzustellen, wie ein Vorschlag sich auswirkt, wenn er angenommen wird.
> (7) Koordinieren = Aufzeigen der Beziehungen zwischen verschiedenen Ideen oder Vorschlägen; Versuch, Ideen und Vorschläge zusammenzubringen; Versuch, die Aktivität verschiedener Untergruppen oder Mitglieder miteinander zu vereinigen.
> (8) Zusammenfassen = Zusammenziehen verwandter Ideen oder Vorschläge; Nachformulierung von bereits diskutierten Vorschlägen zur Klärung.
> (9) Ermutigung = Freundlich sein, Wärme, Antwortbereitschaft gegenüber anderen; andere und deren Ideen loben; Übereinstimmen und Annehmen von Beiträgen anderer.
> (10) Grenzen wahren = Versuch, einem anderen Gruppenmitglied einen Beitrag dadurch zu ermöglichen, dass andere darauf aufmerksam gemacht werden, z.B.: Wir haben von X noch gar nichts zu diesem Thema gehört. Begrenzung der Sprechzeit für alle, um damit allen eine Chance zu geben, tatsächlich gehört zu werden.

(11) Regeln bilden = Formulierung von Regeln für die Gruppe, die für Inhalt, Verfahrensweisen oder Entscheidungsbewertungen gebraucht werden sollen; Erinnerung der Gruppenmitglieder, Entscheidungen zu vermeiden, die mit diesen Regeln kollidieren.

(12) Folge leisten = Den Gruppenentscheidungen folgen, nachdenklich die Ideen anderer annehmen und anhören, als Auditorium während der Gruppendiskussion dienen.

(13) Ausdruck der Gruppengefühle = Zusammenfassung welches Gefühl innerhalb der Gruppe zu spüren ist. Beschreiben der Reaktionen der Gruppenmitglieder, Mitteilung von Beobachtungen und unbewussten Reaktionen von Gruppenmitgliedern, geäußerten Ideen oder Lösungen gegenüber.

Erhaltungs- und Aufbaurollen

(1) Auswerten = Überprüfen der Gruppenentscheidungen im Vergleich mit den Regeln; Vergleich der Bemühungen im Verhältnis zum Gruppenzeil.

(2) Diagnostizieren = Bestimmen der Schwierigkeitsquellen und der situationsgerechten nächsten Schritte; Analysieren der Haupthindernisse, die sich dem weiteren Vorgehen entgegenstellen.

(3) Übereinstimmung prüfen = Versuchsweise nach der Gruppenmeinung fragen, um herauszufinden, ob die Gruppe sich einer Übereinstimmung für eine Entscheidung nähert. Versuchsballons loslassen, um die Gruppenmeinung zu testen.

(4) Vermitteln = Harmonisieren, verschiedene Standpunkte miteinander versöhnen, Kompromisslösungen vorschlagen.

(5) Spannung vermindern = Negative Gefühle durch einen Scherz ableiten, beruhigen, eine gespannte Situation in einen größeren Zusammenhang stellen.

Dysfunktionale Rollen

In jeder Gruppe verhalten sich einzelne Mitglieder konstant oder von Zeit zu Zeit störend, was häufig die Gruppe und ihre Arbeit negativ beeinflusst. Solcherart gestörte Rollenfunktionen können sich in Verhaltensweisen wie folgt zeigen:

(1) Aggressives Verhalten = Arbeiten für den eigenen Status, indem andere kritisiert oder blamiert werden; Feindlichkeitsäußerungen gegen die Gruppe oder einzelne Mitglieder; Herabsetzen des Selbstwertes oder des Status anderer Mitglieder; Versuch, ständig zu dominieren.

(2) Blockieren = Die Weiterentwicklung der Gruppen durchkreuzen durch Ausweichen auf Randprobleme; Angebot persönlicher Erfahrungen, die nichts mit dem vorliegenden Problem zu tun haben; hartnäckige Argumentation zu einem einzigen Punkt; Abweisung von Ideen ohne jede Überlegung aus affektiven Vorurteilen.

(3) Selbstgeständnisse = Benützen der Gruppe als Resonanzboden für rein persönliche, nicht an den Gruppenzielen orientierte Gefühle oder Gesichtspunkte.

(4) Rivalisieren = Mit anderen um die produktivsten oder besten Ideen zanken, ständig am meisten sprechen, die größte Rolle spielen, die Führung an sich reißen.

(5) Suche nach Sympathie = Versuch, andere Gruppenmitglieder zur Sympathie mit den eigenen Problemen und Missgeschicken zu verleiten; die eigene Situation verwirrend darstellen, oder die eigenen Ideen so erniedrigen, dass auf diese Weise Unterstützung durch andere erreicht werden soll.

(6) Spezialplädoyers = Einführung oder Unterstützung von Vorschlägen, die mit eigenen, eingeengten Bedenken oder Philosophien verbunden sind. Hierher gehört auch das Lobbyistenverhalten.

(7) Clownerie = Jux veranstalten, Witzeln, Nachäffen, um die Arbeit der Gruppe möglichst immer wieder zu unterbrechen.

(8) Beachtung suchen = Versuche, die Beachtung auf sich zu ziehen, durch lautes und ausgiebiges Reden, extreme Ideen oder ungewöhnliches Verhalten.

(9) Sich zurückziehen = Überwiegend indifferentes, passives Verhalten, beschränkt auf äußerste Formalität; Tagträumen, Unsinn machen; mit anderen flüstern, vom Thema weit abweichen.

Dieses Einteilungsschema geht davon aus, dass Rollen wechseln können, und sie keineswegs starr festgelegt sind. Vielmehr besteht hier die Möglichkeit einer Änderung, ähnlich wie bei dem in Gruppen vorkommenden Wechsel der Führung.

Aufgaben

Überlegen Sie:
Welche Rollen übernehme ich
- gerne in Gruppen?
- nicht gerne in Gruppen?

Fragen Sie sich auch nach Gründen, warum Ihnen in einer Gruppe eine Rolle angenehm und in einer anderen Gruppe unangenehm ist. Sind Sie zufrieden bzw. unzufrieden mit den Rollen, in denen Sie agieren? Was möchten Sie verändern?

Jeder Mensch nimmt so viele Rollen ein, wie er Mitglied in Gruppen ist. Zunächst wird er in die Kleingruppe Familie hineingeboren und hat die Rolle des Kindes (Tochter/Sohn), der Schwester oder des Bruders inne. Mit zunehmendem Alter nimmt die Zahl der Gruppen, denen er angehört, aber auch die Rollen, die er übernimmt, ständig zu. Kindergarten, Schule, Clique, Betrieb oder Verein stellen weitere Gruppen dar. In jeder dieser Gruppen werden vom einzelnen Rollen übernommen, die an bestimmte Erwartungen geknüpft sind. Die Rollen, die sich dabei in Gruppen bilden können, sind vielfältig und können sehr unterschiedlich sein: Führer, Mitläufer, Clown, Opportunist, Drückeberger, Vermittler, Organisator, Streber, Tyrann, Spielverderber, Petzer, Klassenkasper, Trottel, Querulant, Sündenbock usw. Die Entstehung und Entwicklung der Rollen in Gruppen sind von verschiedenen Faktoren abhängig:

- Rollen in der Gruppe bilden sich erst fortschreitend mit dem Gruppenprozess heraus.
- Rollen können sich im Verlauf der Gruppenentwicklung wandeln.

- Rollen sind teilweise auch von typischen Merkmalen der jeweiligen Gruppe beeinflusst.

FÜHRERROLLE/STAR

Eine der Rollen, die in jeder Gruppe vorkommt, ist die Rolle des Führers oder des Stars. Die Rolle des Anführers kann auf eine Person oder mehrere Personen aufgeteilt sein. Merkmale wie besondere Tüchtigkeit als auch Beliebtheit charakterisieren diese Rolle. Die Ursachen für die Führungsrolle liegen zum einen im Leistungsbereich (z.B. Ideenreichtum, Sprachbegabung usw.), andererseits auf der sozial-emotionalen Ebene. Persönliche Ausstrahlung aber auch positives Sozialverhalten (z.B. Kontaktfähigkeit, Hilfsbereitschaft) können von ausschlaggebender Bedeutung für diese Rolle sein. Jilesen (2002, 66) führt für die Starrolle in der Kindergartengruppe folgende Gründe an:

- Merkmale des sozialen Kontaktes (kontaktfreudig, spielt mit allen, hilfsbereit)
- Besondere Fähigkeiten und Fertigkeiten (gute Spielideen, große Aktivität, Sprachfähigkeit, besondere Fähigkeiten und Begabungen, Durchsetzungsfähigkeit)
- Äußere Merkmale (Kleidung, gutes Aussehen, Ältester der Gruppe).

Die Rolle des Stars oder Anführers innerhalb einer Gruppe kann aber auch negative Eigenschaften aufweisen. So werden in der Gruppenforschung ebenfalls Führerrollen, wie des Herrschers, des Despoten bzw. des Tyrannen beschrieben. Beim sogenannten Herrscher dominieren Geltungsstreben und Gewaltanwendung, während der Despot oder Tyrann versucht, durch Einschüchterung Macht auszuüben. So kann ein Gruppenmitglied die Rolle des Tyrannen übernehmen, dem sich die Gruppe beugt, und vor dem sie sich fürchtet. In dem folgenden Beispiel aus einer Kindergartengruppe lenkt eine eher despotische Führerin das Spiel ihrer jüngeren Mitspieler vor allem durch Kommandieren: Julia (5;0) geht mit Hans (4;5) und Jakob (4;0) in die Puppenecke, wo bereits Monika (3;8) und Katrin (4;1) spielen. Julia holt sich eine Puppe, die sie in einen Puppenwagen legt. Dann wendet sie sich Monika und Katrin zu und sagt: „Ihr dürft nicht mit uns spielen!" Beide bleiben aber in der Puppenecke. Julia holt jetzt vier Stühle und baut sich damit ein Bett. Monika und Katrin schauen ihr dabei zu. Julia spricht sie wieder an: „Ihr müßt hier weg. Geht raus!" Hans reicht Julia, die sich inzwischen in ihr „Bett" gelegt hat, ein Kopfkissen und eine Decke. Als das Kopfkissen herunterfällt, sagt sie zu Hans: „Heb' das Kissen auf!" Hans gibt ihr das Kissen. Julia ruft den Kindern zu: „Ihr müßt so machen, als wenn ich krank bin." Jakob bringt ihr etwas zu essen. Julia sagt zu ihm: „Du musst einen Löffel holen." Zu allen sagt sie: „Ich bin immer noch krank. Ich habe so großen Durst. Bringt mir etwas zu trinken." Hans holt ein Glas Wasser. Julia meint darauf: „Das Bett ist zu klein. Stellt mir noch einen Stuhl dazu." Jakob besorgt einen Stuhl und stellt ihn neben die anderen Stühle. In ähnlicher Weise verläuft dieses Spiel noch ca. 15 Minuten.

AUSSENSEITER

Es scheint sich in jeder Gruppe die Rolle eines Außenseiters (Prügelknabe, schwarzes Schaf, Sündenbock) herauszubilden. Der Außenseiter kann derjenige sein, der sich nicht am Gruppengeschehen beteiligt, sich nicht an die Gruppennormen anpasst oder bei den anderen unbeliebt ist. Jilesen (2002, 66 f.) nennt für die Außenseiterrolle in der Kindergartengruppe folgende Gründe:

- Merkmale des sozialen Kontaktes (Aggressivität, störendes Verhalten, zerstören, streitsüchtig, prügeln, Angeberei, wenig Kontakt usw.)
- Mangelhafte Fähigkeiten und Fertigkeiten (Sprachfehler und Sprachschwierigkeiten, spielunfähig)
- Äußere Merkmale (Aussehen, Kleidung)

Häufig reagiert der Außenseiter auf die Ablehnung mit Verhaltensweisen, die ihn noch unbeliebter machen:

- Er gibt sich Mühe, um in der Gruppe Bestätigung zu erlangen, aber seine Bemühungen gehen über ein vernünftiges Maß hinaus.
- Er wird aggressiv.
- Wenn seine vorausgehenden Anstrengungen ohne Erfolg blieben, kann er entmutigt seine Mitwirkung aufgeben und sich zurückziehen.

Meist erwidert die Gruppe das um Anerkennung bemühte Verhalten des Außenseiters mit noch stärkerer Zurückweisung, was indessen bei ihm weitere heftige Reaktionen auslösen kann, so dass er schließlich schnell in einen Teufelskreis gerät. Andererseits weist Sader (2008, 240) darauf hin, dass es Entscheidungssituationen gibt, in denen die Rolle des Außenseiters die wichtigste Rolle in der Gruppe überhaupt sein kann:

- Mögliches Korrektiv für zu frühe Einheitlichkeit der Meinungsbildung
- Quelle für unbequeme Wahrheiten und Fragen, die in der Gruppe sonst leicht unterdrückt werden könnten
- Lieferant neuer Ideen für Lösungsversuche, die aus dem gewohnten Lösungsschema ausbrechen.
- Produzent von Unruhe und Unsicherheit, der Gruppenprozesse in Bewegung hält und die Gruppe vor Erstarrung schützt.

Aufgaben

(1) Welche unterschiedlichen Erwartungen sind an Ihre Rolle geknüpft?
- in der Klasse?
- in der Familie?
- im Freundeskreis?

(2) Wie können Rollenveränderungen ermöglicht werden?

(3) Fragen zum Rollenverhalten
- Welche Mitglieder der Gruppe können die anderen am leichtesten beeinflussen, ihre Meinungen zu ändern?
- Welche Mitglieder werden von der Gruppe am meisten anerkannt?
- Welche sind am ehesten bereit, Mitglieder, die angegriffen werden, zu schützen und zu verteidigen?
- Welche Mitglieder versuchen, sich möglichst viel ins Rampenlicht zu rücken?
- Welche Mitglieder neigen am ehesten dazu, ihre persönlichen Ziele über die Gruppenziele zu stellen?

- Welche Mitglieder zeigen das größte Verlangen, etwas zustande zu bringen?
- Welche Mitglieder wollen Konflikten in der Gruppe aus dem Wege gehen?
- Welche Mitglieder bemühen sich besonders, aufkommende Streitigkeiten zwischen anderen zu schlichten?
- Welche Mitglieder sind die stärksten Rivalen hinsichtlich Macht und Einfluss in der Gruppe?
- Diese Fragen sind als Feedback für Gruppen (Klasse, Kindergartengruppe usw.) gedacht.

6 Gruppennormen

Gruppen verlangen von ihren Mitgliedern, dass sie sich an bestimmte Regeln halten. Sie steuern damit das Verhalten und die Einstellungen ihrer Mitglieder. Was jedes Gruppenmitglied darf, was verboten ist, was richtig oder falsch ist, was belohnt oder bestraft wird, regelt jede Gruppe durch Normen. Normen sind Verhaltensregeln bzw. Verhaltensvorschriften, die aus der bewussten oder unbewussten Übereinstimmung der Gruppenmitglieder entstanden sind. So gelten z.B. in einer Kindergartengruppe folgende Regeln:

- Die Kinder wählen ihre Beschäftigungen selbständig aus.
- Ist ein Kind mit einem Spiel fertig, wird dieses zuerst aufgeräumt, bevor sich das Kind etwas Neuem zuwendet.
- In manchen Bereichen des Gruppenzimmers darf nur eine bestimmte Anzahl von Kindern spielen.
- Gebaute Konstruktionen in der Bauecke können stehen bleiben und in den nächsten Tagen verändert werden.
- Hat ein Kind gegessen, spült es sein Gedeck und trocknet es ab.
- Dem Kind wird ermöglicht, seinen Geburtstag mit seinen Freunden gemeinsam zu feiern.
- Im Abschlusskreis nehmen alle Kinder der Gruppe teil.

Gruppennormen lassen sich nach Kirsten/Müller-Schwarz (1984, 85) wie folgt klassifizieren:

Beziehungsnormen

• Wer spricht mit wem?	• Wer wird übergangen?
• Wer sitzt bei wem?	• Wer wird gemieden?
• Wer wird um Rat gefragt?	• Wer wird geschützt?
• Wer macht die Vorschläge?	• Wer spricht am meisten?
• Wer gibt die Anordnungen?	• Wer spricht am wenigsten?

Kommunikationsnormen

- Werden Aggressionen geäußert?

- Welche Dinge werden übergangen (Tabus)?
- Wie sachbezogen müssen Gesprächsbeiträge sein?

Bedürfnisnormen

- Werden Wünsche offen geäußert?
- Werden Bedürfnisse nach Einfluss ausgesprochen?
- Werden Bedürfnisse nach Zuneigung ausgesprochen?

Gefühlsnormen

• Kann Freude ausgesprochen werden?	• Wird Zuneigung ausgesprochen?
• Wird gelacht?	• Wird Abneigung ausgesprochen?
• Darf Langeweile und Frustration ausgedrückt werden?	

Sanktionsnormen

- Welche Verhaltensweisen (verbal und nonverbal) gibt es bei Verletzungen der Gruppennormen?

Das Geschehen in der Gruppe wird meistens durch eine Vielfalt von Normen reguliert. Diese können

- miteinander vereinbar/unvereinbar sein
- für alle oder nur für Einzelne gelten (unterschiedliche Verbindlichkeit)
- dauerhaft oder instabil sein, gleichbleiben oder sich ändern
- direkt am Verhalten orientiert sein oder abstrakten Charakter haben (vgl. Sader 2008, 199).

Gruppennormen haben u.a. den Zweck, die Gruppe und ihre einzelnen Mitglieder zu erhalten, weshalb die Verbindlichkeit und Einhaltung der Verhaltensvorschriften in Gruppen beachtet wird. Für das Gruppenmitglied resultiert daraus ein gewisser Anpassungsmechanismus. Es kann aber auch versuchen, bestimmte Normen zu ändern. Wer aber die in Gruppen gültigen Normen häufig missachtet oder von ihnen abweicht, wird zum Außenseiter, was meist zum Ausschluss oder Austritt aus der Gruppe führt. Die Gruppe steuert das Verhalten des Mitglieds, indem sie normgerechtes Verhalten belohnt und normwidriges Verhalten bestraft. Ehrgeizige, Streber und Neulinge versuchen oft in der Gruppe durch ein Übermaß an Normen-Konformität, durch „Hundertprozentigkeit", schnell Achtung und Rang in der Gruppe zu erreichen. In der Clique von Bruno ist es Brauch, dass ein Neuling zum Einstieg einen Kasten Limonade stiftet. Außerdem wurde von jedem Mitglied erwartet, dass es Ideen und Vorschläge für die Gestaltung der Zusammenkünfte machen sollte. Die Gruppe lenkt Verhalten, indem sie normgerechtes Verhalten belohnt und normwidriges Verhalten bestraft.

Normgerechtes Verhalten von Bruno	Belohnungen	Normwidriges Verhalten von Bruno	Bestrafungen
Limonade zum Einstieg stiften Ideen haben, Vorschläge machen, wie man die Zusammenkünfte verbringt	Zuwendung Anerkennung Einladungen Heranziehen zu bestimmten Entscheidungen Unterstützung Sicherheit	Ausreden, wie z.B. keine Zeit, muss für die Schule lernen Fehlen ohne Entschuldigung	Ablehnung Missachtung Spott um seine Meinung fragen, und ihn dadurch in einen niederen sozialen Rang einstufen Ausschluss aus der Gruppe

Die Normen der Gruppen helfen den Mitgliedern in vielen Situationen dabei, wie sie sich verhalten sollen. Sie schaffen somit eine gewisse Selbstverständlichkeit und Stabilität für den Einzelnen und die Gruppe: „Obgleich Normen gelegentlich auch die funktionale Arbeit behindern oder gar verhindern können, besteht im allgemeinen ein Bedürfnis nach der Schaffung und Bewahrung von Normen. Normen machen Verhalten in Grenzen vorhersehbar, geben Sicherheit und helfen dem einzelnen seine Identität zu finden und zu bewahren" (Sader 2008, 199). Neben dieser entlastenden und helfenden Funktion können Gruppennormen aber auch die Vielfalt der möglichen Verhaltensweisen einengen. Unnötige Regeln oder zu viele Vorschriften begrenzen sowohl das Verhalten des Einzelnen als auch der Gruppe. Eine zunehmende Entwicklung von starren Gruppennormen kann zu schwerwiegenden Belastungen der Gruppe führen. Die Folgen zeigen sich in hoher Konformität der Meinung und Einstellung und in der Uniformität des Verhaltens.

Aufgabe

- Welche Normen sind in Ihrer Gruppe wichtig?
- Welche Normen sollten verändert werden? Warum? Wie?
- Jedes Gruppenmitglied soll auf einen Zettel einen Wunsch notieren, den es in der Gruppe hatte, aber aus Gründen der Gruppennorm bisher nicht zu realisieren wagte. Anschließend nennen alle die Gruppennorm, die die Realisierung des Wunsches bisher verhindert hat. Jedes Mitglied der Gruppe soll versuchen, diesen Wunsch „hier und jetzt" in die Tat umzusetzen.

7 Gruppenphasen

Eine Gesellschaft Stachelschweine drängte sich an einem kalten Wintertage recht nahe zusammen, um sich durch die gegenseitige Wärme vor dem Erfrieren zu schützen. Jedoch bald empfanden sie die gegenseitigen Stacheln, welches sie dann wieder voneinander entfernte. Wenn nun das Bedürfnis der Erwärmung sie wieder näher zusammenbrachte, wiederholte sich jenes zweite Übel; so dass sie zwischen beiden Leiden hin und her geworfen wurden, bis sie eine mäßige Entfernung voneinander herausgefunden hatten, in der sie es am besten aushalten konnten.

Diese Fabel des Philosophen Schopenhauer berührt auch Probleme, die für das soziale Leben in einer Gruppe und deren Entwicklung von Bedeutung sind.

Eine Gruppe ist kein starres Gebilde, das einmal gegründet, automatisch und immer gleichmäßig abläuft, sondern die Gruppe befindet sich dauernd in Bewegung. Es können sich dabei unterschiedliche Phasen abwechseln (Höhen und Tiefen, Fortschritt und Rückschritt, Aktivität und Passivität usw.). Oft muss die Gruppe wieder neu anfangen und sich bestimmten Problemen stellen. Eine Gruppe kann aber auch auseinanderbrechen, wenn die Konflikte, die mit der Entwicklung einer Gruppe verbunden sind, nicht bewältigt werden. So wie Menschen ihre eigene Entwicklung durchmachen, machen auch Gruppen ihre eigene Entwicklungsgeschichte: Thema, Situation, Umfeld und besonders die Persönlichkeit der Gruppenmitglieder und des Leiters bedingen, dass sich Gruppenprozesse in unterschiedlicher Weise herausbilden. Obwohl jede Gruppe ihre Eigenart hat, ähnelt sie im Ablauf ihrer Entwicklung vielen anderen Gruppen, so dass man gewisse Gegebenheiten in der Entwicklung einer Gruppe erkennen kann. Die Erkenntnisse über den Verlauf des Entwicklungsprozesses einer Gruppe stammen aus verschiedenen wissenschaftlichen Studien. Diese intensiven Beobachtungen von Gruppen führten zu bestimmten Phasenmodellen der Gruppenentwicklung.

HARTLEYS MODELL DER DYNAMISCHEN PHASEN

Phase	Merkmale
Exploration	gegenseitiges Kennenlernen, wechselseitiges Fragen nach Vorstellungen und Erwartungen
Identifikation	stärkeres Zusammengehörigkeitsgefühl, wechselseitige Akzeptanz
Entstehung kollektiver Ziele	Entstehung von Gruppenzielen Problem: Bei einer zu starken Verfolgung von kollektiven Zielen werden die individuellen Interessen und Bedürfnisse der Gruppenmitglieder wenig beachtet.
Entwicklung von Gruppennormen	feste Verhaltensmuster, Verhaltenssicherheit, stärkere Abgrenzung von der Umgebung und von anderen Gruppen
Entstehung einer Haltung gegenüber Gruppenangehörigen und Gruppenfremden	positives Erleben der eigenen Gruppe, negatives Einschätzen der Fremdgruppe (Outgroup)
Entstehung einer Gruppenatmosphäre	Bildung einer eigenen Atmosphäre im Zusammenhang mit der Gruppengeschichte, den Normen und Zielen der Gruppe
Entstehung von Status und Rolle	Übernahme verschiedener Rollen, Hierarchie der sozialen Wertschätzung

Nach Hartley müssen die verschiedenen Phasen nicht in einer zeitlich festgelegten Reihenfolge nacheinander verlaufen. Zeitliche Überschneidungen sowie nie ganz abgeschlossene Gruppenphasen sind eher die Regel.

Phasen bei Kinderspielgruppen

Weiß (1979, 153 ff.) berichtet von einem Experiment, bei dem das Entstehen einer Kinderspielgruppe beobachtet wurde. Die einander fremden Kinder hatten in der Gruppe die Aufgabe, Puzzles zu lösen. Hierbei konnten drei Stadien der Gruppenentwicklung festgestellt werden.

1. Dominanzstadium	2. Beruhigungsstadium	3. Regelstadium
• Anfänglich dominieren einzelne vitale Mitglieder aufgrund von grobem Durchsetzungsvermögen (Körperkraft, Streitsucht) Handlungsabläufe, wobei untereinander Rivalitäten auftreten. • allmähliches Entstehen einer Rangordnung. • Kinder mit primär sachlichen Interessen an der Aufgabe können gelegentlich den Handlungsablauf mitbestimmen. • Leistungsschwache und sozial randständige Kinder haben keine Einflussmöglichkeiten.	• Bei ansteigender Zahl gelöster Aufgaben weicht das Dominanzstreben zurück. • Leistungsschwache Kinder können sich besser einbringen und bekommen bei der Aufgabenbewältigung von den anderen Mitgliedern Hilfe angeboten.	• völliger Abbau des Dominanzverhaltens der Starken. • Gruppe stellt Normen auf, auf deren Einhaltung besonders die Schwachen achten.

Das Phasenmodell von Bernstein/Lowy

Das von Bernstein/Lowy (1982) vorgelegte Modell stammt aus der sozialen Gruppenarbeit und bezieht sich in erster Linie auf Erfahrungen mit Jugendlichen. Die Gruppe durchläuft nach den Erkenntnissen der Autoren fünf Phasen, wobei über die zeitliche Dauer und die Intensität der einzelnen Phasen keine präzisen Angaben vorliegen. Die verschiedenen Phasen verlaufen nicht gradlinig, sondern in jeder Phase gibt es Übergänge, denn die Grenzen zwischen den Phasen sind immer fließend. Meist ist es so, dass sich nicht alle Gruppenmitglieder zur gleichen Zeit in derselben Phase befinden, sondern einige Mitglieder können bereits in der 3., andere noch in der 2. Phase sein. Gruppenmitglieder können eine bestimmte Phase schneller durchlaufen, während andere mehr Zeit für dieselbe Phase benötigen. Wer von Gruppen spricht, meint damit meist keine Gruppe, die am Anfang steht, sondern eine funktionierende Gruppe (z.B. Vertrautheitsphase). Viele Gruppen bleiben in den ersten beiden Phasen hängen und durchlaufen somit nicht alle fünf Entwicklungsphasen. Der entscheidende Prozess spielt sich in den ersten beiden Phasen ab. Die Dynamik der Gruppe kann auch dazu führen, dass sie in eine frühere Phase zurückfällt (Regression). Die fünf Phasen stellen kein schematisches und generalisierendes Prinzip dar, nach dem jede Gruppe unbedingt funktionieren muss. Das Phasenmodell von Bernstein/Lowy kann aber für die Gruppenleiterin eine Hilfe und eine Anregung zum Verständnis und zur Intervention im Rahmen der Gruppenentwicklung bieten.

Zusammenfassende Tabelle der fünf Phasen der Gruppenentwicklung (nach Metzinger, 281 ff., in: Blank-Mathieu u.a. 1999)

	Dynamische Merkmale	Erzieherisches Einwirken der Gruppenleiterin	Rolle der Gruppenleiterin	Aktivitäten
Voran-schluß-/Orientie-rungsphase	Unsicherheit, soziale Ängste, Wechsel zwischen Nähe und Distanz, zurückhaltendes Taktieren, Erkundung der Mitglieder, vorherrschendes Ich-Denken, wenig Vertrauen zueinander	Den Mitgliedern Spielraum und Freiheit ermöglichen (auch in Einzelbeschäftigung), Schaffung einer gemütlichen und lockeren Atmosphäre, geduldiges Vorgehen, Beachten, daß kein Mitglied isoliert bleibt	sofortiges Beschäftigen der Gruppe mit langfristigen Aufgaben von der Gruppe vielschichtige Entscheidungen erwarten, ein Mitglied herausgreifen und sich mit ihm lange allein beschäftigen	Erkundungs-, Kennenlernspiele, Warming up (z.B: Zipp-Zapp-Spiel, „Mein rechter Platz..."), Ausflug (z.B. Wanderung), kurzfristige Angebote (Sachthemen), kurzfristige Befragungen, z.B. Partnerinterview
Macht-kampf-/Positions- und Rollenklärphase	Spannungen und Unbehagen, Konfrontation, Ringen um Funktionen und Positionen (Rollen, Normen), Verletzung von Gefühlen, Sympathie und Antipathie, Aggressionen, Ranghierarchie, Stärken und Schwächen d. einzelnen werden deutlich, ev. Entstehen d. Sündenbockrolle, Gefahr des Ausscheidens oder Ausschlusses, Ausprobieren der Gruppenleiterin (z.B. „Blitzableiter" für Unlustgefühle)	Aggressionen klären, Klärung des Machtkampfes, Grenzen setzen, Schwache stützen und Starke evtl. bremsen, „neutral" bleiben (Vermittler und Schiedsrichter), positive Grundhaltung allen Mitgliedern gegenüber, „Heiße Eisen" anpacken (z.B. „tyrannischer Führer" oder „Sündenbock"), alle zu Wort kommen lassen	Die Situation für eigene Zwecke ausnutzen, parteiisches Verhalten, resignierendes Zurückziehen oder aggressives Eingreifen, Schwache ohne Schutz lassen	Aggressionen in Aktivitäten umlenken Rollenspiele Aufstellung von Regeln

51

	Dynamische Merkmale	zielgerechtes Einwirken der Gruppenleiterin	Fehler der Gruppenleiterin	Aktivitäten
Vertrautheits-/Intimitätsphase	Suche nach positiven Beziehungen, hohe Interaktion, Bedürfnis nach Harmonie, wachsendes Zusammengehörigkeitsgefühl (Wir-Gefühl), Bildung von Klein- bzw. Untergruppen, Abgrenzung zu anderen Gruppen, neue Mitglieder werden nicht gerne aufgenommen	Sachaufgaben zuwenden, gruppeneigenes Tun akzeptieren und unterstützen, teilweise Führung abgeben, verschleierte Konflikte und Spannungen bewusst machen und bei ihrer Lösung helfen, einzelnen bzw. Untergruppen zuwenden und mit ihnen arbeiten	Aufgeben der Leitungsrolle, Gruppe aus einem euphorischen Blickwinkel betrachten („Rosarote Brille") und die Realität übersehen (verzerrt wahrnehmen)	längerfristige Planung (Projekte, Aktionen) Gruppe plant selbständig
Differenzierungsphase	Gruppe kann konstruktiv ihre Ziele durch Planung, geeignete Methoden und Vorgehensweisen erreichen, ausgeprägtes Wir-Bewusstsein, wenig Machtprobleme, „goldene Zeit" für Aktivitäten, große Stabilität der Gruppe, gegenseitiges Vertrauen, Rollenflexibilität, neue Mitglieder können integriert werden, Kontakte und Kooperationen zu anderen Gruppen, Konflikte und Entscheidungen werden mit sachlichen Argumenten ausgetragen bzw. gefällt, große Kommunikationsfähigkeit	Beziehungen zu anderen Gruppen anbahnen, als Leiter in den Hintergrund treten (Berater und Helfer für Gruppe), vorhande Führungsqualitäten der Mitglieder einsetzen, Prinzip der „rotierenden Führung" anstreben, bei einem Stillstand der Gruppe notwendige Impulse und Anregungen anbieten	Wenn die Leiterin eine Gruppe bis in ihre reifste Phase geführt hat, ist sie in der Regel so kompetent, dass sie keine gravierenden Fehler begeht.	kooperative Aktivitäten Planungen und Aktionen mit anderen Gruppen (=Intergruppenarbeit)
Abschluss-/Trennungsphase	Reaktionen wie Leugnen, Resignation, Glorifizierung der Vergangenheit („gute alte Zeit"), Regression in frühere Gruppenphasen (Machtprobleme können wieder auftreten), Langeweile, keine Investitionen mehr in der Gruppe, Erreichen der Gruppenziele, veränderte Interessenlage der Mitglieder, wenig Bereitschaft zum gemeinsamen Handeln, unüberwindbare Konflikte (mangelnde Konsens- bzw. Kompromissfähigkeit), wichtigere Beziehungen zu anderen Gruppen	• Reflexion • Aufzeigen von neuen Interessen • Anschluss an andere Gruppen ermöglichen	• Rückzug • persönliche Enttäuschung • Nichtwahrnehmen des notwendigen Ablösungsprozesses	• Abschlussfest • Abschlussfahrt

Wenn die verschiedenen Phasenmodelle miteinander verglichen werden, zeichnen sich trotz vieler Differenzen folgende Gemeinsamkeiten in der Entwicklung der Gruppen ab:

Phase der Orientierung und der Unruhe	Unsicherheit, Positionskämpfe, „Zusammenraufen" der Mitglieder, kein Zusammengehörigkeitsgefühl
Beruhigungsphase	Zusammengehörigkeits- und Geborgenheitsgefühl, Ausbilden von Normen und Rollen
Stabilisierungsphase	feste Strukturen, Entwicklung und Verwirklichung von Zielen
Auflösungsphase	zwangsweise oder freiwillige Auflösung, weil Ziele erreicht sind oder keine neuen Ziele entstehen, Unruhe, Unsicherheit, Trennung vollzieht sich plötzlich oder langsam fortschreitend, sie kann vorbereitet und begleitet werden.

Alle aufgezeigten Phasenmodelle sind Typisierungen, wobei in den einzelnen Phasen hervorstechende und charakteristische Merkmale zusammengefasst werden, die am häufigsten und am auffälligsten aufgetreten sind. Bei jedem Verlauf einer Gruppe sind immer bestimmte entwicklungsspezifische Gegebenheiten zu beachten, wie z.B. das Alter der Gruppenmitglieder. Erfahrungsgemäß werden Kinder meist schneller in eine ausgeprägte Macht-/Auseinandersetzungsphase verwickelt als Erwachsene. Außerdem sind für den Entwicklungsprozess und dessen Phasen von Bedeutung: Größe der Gruppe, zeitliche Dauer und das Ziel der Gruppe.

Aufgaben

(1) Untersuchen Sie die folgenden Fallbeispiele und ordnen Sie sie, mit entsprechender Begründung aus dem Text, den jeweiligen Gruppenphasen nach Bernstein/Lowy zu.

(a) Die Smoothies

Die Smoothies waren eine Gruppe von fünf zehnjährigen Buben aus niederen Schichten, alle als wohlerzogen und eifrig in der Schule bezeichnet. Zwei der Jungen waren gesellschaftlich etwas isoliert, einer davon ziemlich feminin. Die Jungen wussten, dass die Gruppe gebildet worden war, um Gary, dem femininen Buben, zu helfen, neue Freunde zu finden. Bei der ersten Begegnung fielen sich die Jungen beim Gespräch über ihre Wohnungen, über Kino und Fernsehen gegenseitig und dem Groupworker ständig ins Wort. Ihr Verhalten war konventionell, wenn auch übertrieben lebhaft. Da niemand vorher Mitglied gewesen war, schüchterte sie das Nachbarschaftsheim, in dem sie sich treffen sollten, ein. Sie benahmen sich hier sehr gut und mit äußerster Höflichkeit gegeneinander und gegen den Groupworker. Ein Teilnehmer sagte, er sei furchtbar hungrig, und als der Groupworker etwas anbot, begann er sofort mit Hingabe zu essen. Die Jungen sprachen unaufhörlich über den Raum, über Fernsehen und Kino. Ein Junge war erleichtert, als ihm der Groupworker zeigte, wo die Toilette war, und ging hinaus. Die anderen drängten ihm sofort nach. Danach waren sie entspannter. Sie versteckten sich vor dem Sozialarbeiter. Sie hatten Vergnügen an ihrem gemeinsamen Spiel. Der Groupworker stellte fest, dass ihr Lachen später gezwungen wirkte. Sie diskutierten eifrig Pläne für die Zukunft und gingen bereitwillig auf die Spielvorschläge des Groupworkers ein. Einmal legte ein Mitglied seine Arme um Gary, und dieser erwiderte die Umarmung. Alle umarmten sich und rückten zusammen, als sie beschlossen, ein Lied zu singen. Wieder rangen sie miteinander, versteckten sich und kicherten ziemlich viel. Dem Groupworker fiel auf, dass ein Knabe, als er ihn vor dem Hause aus dem Auto ließ, hineinrannte, ohne ein Wort des Abschieds. Einer der Jungen sagte, nächste Woche sei keine Schule. Er fragte, ob irgend etwas Besonderes veranstaltet werden könne. Ein anderes Mitglied erzählte einem Neuen angeregt über das „Clubhaus", und die Übrigen beteiligten sich dabei.

(b) Zuerst, als sich herausstellte, dass es George große Schwierigkeiten bereitete, beim Bowling Punkte zusammenzurechnen, hatten die Jungen das Problem ignoriert und waren darüber hinweggeglitten, indem sie für ihn aufrechneten oder diese Unterstützung dem Sozialarbeiter überließen. Später setzten sie Georges Mangel an Bereitschaft, den anderen zu berichten, oder „sich zu öffnen", mit seiner „Dummheit" gleich und lachten oder schimpften ihn aus. Die anderen Jungen wurden sehr ungeduldig über seine Langsamkeit beim Punkte-Verrechnen und Geldwechsel, übernahmen öfters seine Aufgaben oder rissen ihm das Geld weg und rechneten geringschätzig für ihn. Als das gegenseitige Akzeptieren von Schul- und Beziehungsproblemen zusammen mit einem neuen Verantwortungssinn füreinander wuchs, fingen die Mitglieder an, ganz geduldig auf George zu warten, selbst wenn es das Spiel verlangsamte, aber sie wiesen seine Versuche, sich von ihnen die Antworten geben zu lassen, zurück. Sie weigerten sich auch, ihn von Planungsgesprächen zu befreien, indem sie meinten: „Wie können wir ohne dich planen?"

(c) Ein Frühlings-Wochenendlager wurde vorgeschlagen, bei dessen Planung der Groupworker sich passiv verhielt. Die Jungen wurden sehr erregt und ärgerten sich über ihn, kämpften aber schließlich Abmachungen über den Speisezettel, Arbeitsteilung beim Einkaufen, Kochen und Saubermachen, sowie Auswahl der Lagerbetätigungen aus. Im Lager erreichte der Streit einen Höhepunkt, als der Groupworker während eines Baseball-Spiels erstmals darauf hinwies, dass Sam und Peter ihre Ungeschicklichkeit und ihre körperlichen Probleme als Ausrede benutzten, um Angriffen im Spiel auszuweichen. Das bewirkte einen Ausbruch von Wut gegen den Sozialarbeiter und in seiner Folge eine derartige Befreiung von Sams und Peters Kräften, dass sie das Spiel gewannen. Jack steckte die Niederlage seiner Seite ein und ließ erstmals von seinen befangenen Sticheleien gegen Sam ab. Gleichzeitig kümmerten sich die Jungen um das Arbeitsmaß, das jeder bei der Vorbereitung der Mahlzeiten zu leisten hatte. Ein ordentlicher Zank brach los, wer die meiste Arbeit tue, und zum ersten Mal äußerte sich Wut über den freundlichen und passiven George, weil er egoistisch und nur an sich selbst interessiert sei. Auf dem Heimweg unterhielten sich die Jungen über das Wochenende und das Club-

Sie richteten ihren Ärger auf den Groupworker, weil er sie ihr Wochenende hatte selbst planen lassen, und machten sich etwas überrascht klar, wie gut es ihnen gelungen war.
(d) Als wir den Clubabschluss besprachen, sagte Sharky mit sehr lauter Stimme zu den anderen Jungen: „Na, Kerls, heut' nacht klappt's genau mit 'nem guten Fang!" Die Jungen nahmen das auf und machten ausführliche Anspielungen, wieviel „Beute" sie zu machen gedächten, wenn sie am Abend in einige benachbarte Läden einbrächen. Mit gezwungener Lustigkeit arbeiteten sie ihre Pläne aus und meinten: „Dann können wir ein Auto klauen und uns erwischen lassen. Das wird Herbie (den Sozialarbeiter) lehren, dass wir den Club wirklich brauchen..."

Als ich zu erklären begann, warum die Gruppe sich nicht wieder trifft, drängten sich die Jungen im Auto um mich: die beiden auf dem Vordersitz lehnten sich sehr dicht zu mir herüber, und die auf den hinteren Sitzen kamen heran und beugten sich beinahe über mich, alle mit ihren Köpfen dicht an meinen Schultern.

... Sie schwelgten mit mir in Erinnerung an die Dinge, die sie miteinander unternommen hatten, den Spaß, den sie gehabt hatten, manche harten Zeiten, manche Schwierigkeiten, in die Mitglieder geraten waren, Plätze, die sie besucht hatten, und um wieviel größer sie nun seien als zur Zeit, da der Club begann.
(Bernstein/Lowy, 1982, 60, 77 f, 33, 89 ff.)

(2) Zeichnen oder malen Sie in Diagrammen oder Bildern mindestens zwei Gruppenphasen Ihrer Gruppe.
Folgende Fragen sollen zusätzlich beantwortet werden:

- In welcher Phase befindet sich die Gruppe hier und jetzt?
- Welche Anzeichen gibt es dafür?
- Wie verhalten sich die Gruppenmitglieder in dieser Phase?
- Wie beurteilen die Einzelnen ihr Verhalten?
- Was kann getan werden, um die Phase, in der sich die Gruppe befindet, zu fördern?

8 Gruppenkonflikte

Der Begriff „Konflikt" (lat. conflictus = Zusammenstoß) wird häufig mit Unannehmlichkeiten, Feindseligkeiten, Spannungen usw. verbunden. Andererseits stellen Konflikte für alle Formen menschlichen Zusammenlebens eine Selbstverständlichkeit dar. Der Konflikt kann auch positive Aspekte aufweisen, wenn die Konfliktbewältigung als wesentlicher Teil einer demokratischen Lebensform angesehen wird: „Der Konflikt kann dazu dienen, trennende Elemente in einer Beziehung zu beseitigen und Einheit wiederherzustellen. Insoweit Konflikt eine Lösung von Spannungen bedeutet, hat er stabilisierende Funktionen und wird eine integrative Komponente der Beziehung" (Antons 2000, 224). Ein Konflikt in einer Gruppe lässt sich an bestimmten Symptomen festmachen, die aus beobachtbaren Verhaltensweisen der Gruppenmitglieder erschlossen werden können. Als solche Anzeichen gelten:

- Mitglieder sind ungeduldig miteinander
- Affektgeladenes Argumentieren
- Vorschläge werden kritisiert noch bevor sie ganz ausgesprochen sind
- Mangel an Zuhörbereitschaft
- Mitglieder nehmen Partei und weigern sich nachzugeben
- Mitglieder können sich nicht über Pläne und Vorschläge einigen
- Mitglieder greifen sich gegenseitig auf subtile Weise persönlich an (Anklagen)
- Mitglieder bewerten die Gruppe und ihre Fähigkeit als negativ
- Mitglieder sind nicht bereit, aufeinander einzugehen (Mangel an Kompromissbereitschaft)

Konflikte treten in Gruppen natürlich immer wieder auf. Wie dabei mit einem Konflikt umgegangen wird, hängt von seiner jeweiligen Geschichte, seinen Ursachen und seiner Art ab. Eine der wesentlichen Aktivitäten innerhalb einer Gruppe konzentriert sich auf die Bearbeitung und das Lösen von Konflikten. Je mehr ein Konflikt unterdrückt und je länger er ignoriert wurde, um so mehr lädt er sich mit Feindseligkeit auf und wird von Gefühlen beeinflusst. Deshalb zeigt sich beim Umgang mit Konflikten die Belastbarkeit der Beziehungen, aber auch die bis jetzt entwickelten sozialen Fähigkeiten der Gruppenmitglieder. Gruppen können folgendes Verhalten in Konfliktsituationen zeigen:

(1) Vermeidung
Wenn die Gruppe eher an der Oberfläche agiert, werden meist keine schwerwiegenden Konflikte ausbrechen. Die Gruppe lässt die Gegenpartei unbeachtet oder fügt sich ihr sofort, Konflikte werden geleugnet, vertuscht, verharmlost und verdrängt.

(2) Eliminierung (Ausschluss)
Ein Mitglied oder mehrere, das bzw. die sich in Opposition zur Gruppe befindet, werden ausgeschlossen. Um den Ausschluss der Unterlegenen zu erreichen, werden Mittel angewandt wie: physische Gewalt (oft unter Kindern und Jugendlichen üblich), Diffamieren, Intrige, Spott, Kaltstellen, Ignorieren und Schweigen.

(3) Unterdrückung
Die Mehrheit, die stärkste Untergruppe oder eine Einzelperson mit hohem Rang zwingt die anderen, ihrer Position zuzustimmen und zu übernehmen. Die Opposition, eine Untergruppe oder die Minorität wird durch den Missbrauch von Macht beherrscht und unterworfen sowie in Angst, Gehorsam und Abhängigkeit gehalten. Diese autoritäre Lösung kann jedoch im Laufe der Zeit Widerstände, Spannungen und Feindseligkeiten so stark entfachen, dass es zum Auseinanderfallen der Gruppe kommt.

(4) Zustimmung
Die Majorität beherrscht das Gruppengeschehen, aber die Minorität leidet nicht unter einem Unterlegenheitsgefühl und ist mit der gegebenen Situation einverstanden.

(5) Zusammenschluss (Allianz)
Die sich gegenüberstehenden Parteien halten an ihren Positionen fest, gehen aber ein Zweckbündnis ein, um zu einem bestimmten gemeinsamen Ziel zu kommen. Der Konflikt bleibt erhalten und ungelöst. Er wird für eine gewisse Zeit ruhig gestellt, bis das angestrebte Ziel verwirklicht ist. Der Konflikt kann danach erneut aufleben, wenn er sich als weiterhin unverändert aktuell herausstellt.

(6) Kompromiss
Wenn die streitenden Untergruppen etwa gleich stark sind, macht jede Partei Abstriche am eigenen Standpunkt. Gleichseitig werden durch wechselseitige Zugeständnisse Vereinbarungen getroffen. Diese Eini-

gung zwischen den verschiedenen Positionen der Beteiligten erhält die Handlungsfähigkeit oder die Einheit der Gruppe. Die Notwendigkeit zum Kompromiss wird meist von den Gruppenmitgliedern eingesehen. Doch kann der ausgehandelte Vergleich wenig Befriedigung auslösen, wenn sich eine Partei benachteiligt sieht, weil sie mehr an Positionen aufgegeben hat als die andere.

(7) Integration
Diese Konfliktlösung ist die reifste, aber auch die am wenigsten praktizierte Form. Die Konfliktparteien setzen sich zusammen und besprechen die Probleme und widersprechenden Auffassungen. Die verschiedenen Meinungen der Mitglieder werden eingebracht und diskutiert, wobei auch der Konflikt reflektiert und dessen Ursachen analysiert werden. Die gesamte Gruppe erarbeitet eine Lösung, die alle zufriedenstellt und besser ist, als vorangegangene Vorschläge.

Aufgabe

Mein Verhalten in Konfliktsituationen
Bringen Sie die vorgegebenen Antworten in eine Rangfolge von 1 bis 5, wobei die stärkste und 5 die geringste Zustimmung bedeutet.

	1	2	3	4	5
Wenn Konflikte auftauchen, versuche ich, neutral zu bleiben oder mich herauszuhalten.					
Ich versuche die Entstehung von Konflikten zu verhindern. Wenn aber Konflikte auftauchen, versuche ich, die Wunden zu heilen und eine gute Zusammenarbeit sicherzustellen.					
Wenn Konflikte auftauchen, beseitige ich sie oder setze mich durch.					
Wenn Konflikte auftauchen, versuche ich gerecht, aber fest zu bleiben und eine faire Lösung zu erreichen.					
Wenn Konflikte auftauchen, versuche ich, Gründe dafür herauszufinden und die Folgen zu beseitigen.					

Wenn innerhalb einer Gruppe eine Auseinandersetzung ausbricht, wird dies als Intra-Gruppenkonflikt bezeichnet. Bei Konflikten zwischen verschiedenen Gruppen wird vom Inter-Gruppenkonflikt gesprochen. Am Beispiel der Gruppe Fußballmannschaft zeigt sich, dass manche Gruppen von vornherein auf einen solchen Konflikt zugeschnitten sind; der Konflikt mit einer gegnerischen Gruppe liegt im Gruppenziel begründet. Ziel einer Fußballmannschaft ist es, eine andere Fußballmannschaft im sportlichen Wettkampf zu besiegen. Die Gegnerschaftsbeziehung, die beim Gruppenkonflikt zum Ausdruck kommt, ist hier offenkundig. Ein in den 1950er Jahren in den USA durchgeführtes Feldexperiment von M. Sherif verdeutlicht gewisse Abläufe und Gesetzmäßigkeiten eines Inter-Gruppenkonflikts. Sherif wollte die Bildung von Gruppen und die Wirksamkeit des Gruppenkontakts studieren. Dazu veranstaltete er ein Sommerlager mit ungefähr zwei Dutzend 12jährigen Jungen, die einander vorher nicht kannten und die aus ähnlichen häuslichen Verhältnissen stammten. In den ersten drei bis vier Tagen wurden die Jungen sich völlig selbst überlassen. Sie sollten sich näher kennenlernen und schlossen sich spontan zu Freundschaftsgruppen zusammen. Entgegen ihren anfänglichen Sympathien wurden sie dann in zwei Untergruppen aufgeteilt, die – aus je 12 Mitgliedern bestehend – getrennt voneinander wohnten und sich beschäftigten. Die Einteilung dieser Untergruppen erfolgte so, dass jeweils vorwiegend Lagerteilnehmer zusammengetan wurden, die sich in der ersten Phase nicht besonders eng einander angeschlossen hatten. Die spontan entstandenen Freundschaftsgruppen wurden also getrennt, was von den Jungen selbst als negativ empfunden wurde. Innerhalb weniger Tage kam es aber in den neuen Gruppen zu einem intensiven Zusammenschluss, so dass die früheren Freundschaften bald vergessen waren. Die Gruppen entwickelten – jede für sich – ein echtes Wir-Gefühl, und jede gab sich einen Namen: „Rote Teufel" und „Bulldoggen" stand auf den selbstgefertigten Fahnen. Eines Tages tauchte bei jeder Gruppe die Frage nach dem Leben der anderen auf. Die Gruppen traten zum Wettkampf an. Jede wollte zeigen, dass sie besser sei. Es kam auch zu gemeinsamen Ausflügen, aber es kam zum Ausbruch eines erheblichen Maßes an gruppenbezogener Angriffslust. Sie machte sich in einer Rauferei Luft, man beschuldigte sich beim Tauziehen der Unehrlichkeit, Schimpfnamen flogen hinüber und herüber. Überfälle auf die feindlicher Unterkünfte ereigneten sich, mit Fallobst wurden Schlachten ausgetragen und schließlich verbrannte man sogar feierlich die Fahne der Gegengruppe. In einer Kampfpause sammelten der Versuchsleiter und die Helfer auf jeder Seite die Urteile über die eigene und über die feindliche Gruppe. Das Ergebnis lässt sich leicht erraten. Die Gruppen belegten sich selbst vorwiegend mit günstigen Eigenschaften – mutig, ausdauernd, ordentlich –, während die Rivalen ungünstig beurteilt wurden. Schließlich versuchte der Lagerleiter, die Gruppenfehde beizulegen.

Aufgaben

(1) Finden Sie verschiedene Lösungsmöglichkeiten, um diese Gruppenfehde beizulegen.

(2) Wie sehen wir die anderen?
Schreiben Sie in die Spalte „Persönlich" bezogen auf die Personen eine typische Eigenschaft, die deutlich macht, wie Sie diese sehen (Beispiel: Italiener – gastfreundlich). Nachher diskutieren die verschiedenen Kleingruppen die jeweiligen Bezeichnungen und versuchen gemeinsam, ein möglichst objektives Adjektiv zu finden.

	Gruppe	Persönlich
Lehrer		
Invalide		
Unternehmer		
Eltern		
Drogensüchtiger		
Ledige Mutter		
Politiker		
Ausländer		
Gammler		
Arzt		

Star		
Hauswart		
Lehrling		
Dienstverweigerer		
Jugendleiter		
Revolutionär		
Pilot		
Chef		
Student		
Dirne		
Polizist		
Freund/Freundin		
Bankbeamter		
Millionär		

KONFLIKTBEARBEITUNG UND KONFLIKTLÖSUNG

Ein wichtiges Erziehungsziel lautet, dass Kinder lernen sollen, ihre Konflikte in angemessener Weise selbst zu lösen (z. B. durch Verhandeln mit dem „Gegner"). Ziel des pädagogischen Bemühens muss es auch sein, dass ein Konflikt nicht durch das Recht des Stärkeren „gelöst" wird. Damit Konflikte z. B. wegen gegensätzlichen Interessen und Bedürfnissen nicht als Machtkampf ausgetragen werden, ist es notwendig, dass die beteiligten Gruppenmitglieder sich um befriedigende Kompromisse bemühen. Bei länger andauernden, heftigen Formen des Konflikts, die zu eskalieren drohen, ist meist die Hilfestellung einer Erzieherin erforderlich. Sie kann durch differenzierte und präzise Beobachtung erkennen, wo die Ursachen des Konflikts liegen und somit einen passenden Ansatzpunkt zur Bearbeitung und Lösung des Konflikts finden. Für eine tragfähige Konfliktregelung sollten folgende Voraussetzungen beachtet werden:

- Konfliktfähigkeit: Die Erzieherin benötigt diese grundlegende Kompetenz im Hinblick auf die Wahrnehmung und den Umgang mit Konfliktsituationen im Erziehungsalltag.
- Konfliktbereitschaft: Von allen Beteiligten muss der Konflikt als berechtigt anerkannt werden.
- Übereinkunft der Konfliktparteien: Die Beteiligten müssen sich darüber im Klaren sein, dass sie den Konflikt gewaltfrei austragen und regeln.
- Gleiche Ausgangslage: Keiner der Beteiligten darf durch die Formen der Konfliktregelung bevorzugt oder benachteiligt werden.

Als Vorgehensweise für eine faire Konfliktregelung bietet sich ein Konfliktgespräch in der Gruppe an, wobei folgende Schritte beachtet werden müssen (vgl. Schwäbisch/Siems 1988 und Berner 1983):

(1) Benennung des Problems
Allen Gruppenmitgliedern müssen die Probleme bekannt sein. Entweder legt die Erzieherin ihre Sicht des Problems dar oder Gruppenmitglieder berichten davon, was sie in der Gruppe stört.

(2) Klärung der verschiedenen Meinungen, Interessen und Bedürfnisse
Alle Gruppenmitglieder sollen die gegenwärtige Situation aus ihrem Blickwinkel darstellen und ihre Standpunkte, Wünsche, Interessen und Bedürfnisse offen legen.

(3) Bestimmung gemeinsamer Ziele und Interessen
In der Gruppe wird überlegt, ob und welche gemeinsamen Ziele und Interessen bestehen. Dies soll eine totale Frontstellung vermindern und eine gemeinsame Grundlage für die weitere Vorgehensweise bewirken.

(4) Formulierung von Wünschen
Alle Beteiligten nennen ihre Wünsche und Forderungen, womit der Konflikt durch die Formulierung der unterschiedlichen Interessen an Überschaubarkeit gewinnt. Die Wünsche sollen konkret bedürfnisori-

entiert und ich-bezogen ausgedrückt werden, damit die anderen auch Stellung dazu nehmen können.

(5) Sammlung von Lösungsvorschlägen
Gemeinsam werden Lösungsmöglichkeiten zusammengetragen, die nicht sofort bewertet werden dürfen („Brainstorming"). Die Erzieherin soll dabei jedes Mitglied, insbesondere schwächere, zu Vorschlägen anregen.

(6) Verhandeln und entscheiden
(a) Alle Gruppenmitglieder überlegen gemeinsam, welche Vorschläge sinnvoll und durchführbar sind. Die Lösungen werden ausgesondert, die für einen oder mehrere Beteiligte nicht annehmbar sind.
(b) Alle Beteiligten überlegen gemeinsam, welche Vorschläge sinnvoll und durchführbar sind und suchen darunter diejenigen Lösungen heraus, die die meisten der gestellten Forderungen erfüllen.
(c) Alle Gruppenmitglieder führen eine Einigung auf einen Lösungsvorschlag herbei, der alle zufriedenstellt und der über eine festgesetzte Zeit erprobt werden muss. Die faire Konfliktlösung sollte beinhalten, dass es keine „Sieger" und „Besiegte" gibt.

Kontrolle des Ergebnisses

Eine gelegentliche Nachprüfung ist sinnvoll und notwendig. Alle Gruppenmitglieder können nochmals gemeinsam darüber reflektieren, ob die Lösung richtig und praktikabel ist und beibehalten werden kann. Wenn es keine zufriedenstellende Lösung gegeben hat, sollte ein erneuter Lösungsversuch (eventuell nach einer „Denkpause"), vielleicht unter Hinzuziehung eines außenstehenden „Neutralen", angestrebt werden.

Aufgabe

Die „Sechser-Gruppe"
In der Klasse 10s des Burg-Gymnasiums hat sich eine kritische Lage ergeben. Die Klasse ist schon länger bei allen Lehrern als insgesamt sehr unruhig und undiszipliniert bekannt, keiner unterrichtet die

Klasse gern. Eine Gruppe von sechs Schülern tut sich häufig besonders hervor und ist fast immer beteiligt, wenn Rangeleien in den Pausen, Schwamm- und Schneeballschlachten, Ärgern von Schülern anderer Klassen, vor allem ausländischer Schüler, „angesagt" sind. Den Lehrern gegenüber, die in der Klasse unterrichten, verhalten sie sich im Unterricht und auch bei außerschulischen Veranstaltungen (wie Theaterbesuche, Ausflüge, etc.) auffallend anmaßend, herablassend und frech. Deshalb sind etliche Kollegen schon lange der Meinung, dass „irgend etwas" geschehen müsse, Appelle auf den Elternabenden haben nichts genutzt.

Als einer aus der „Sechsergruppe", Gerhard Sandler, im Verlaufe einer von ihm begonnen Rangelei das Federmäppchen eines portugiesischen Mitschülers aus dem Fenster wirft, erhält er seinen vierten Tadelseintrag ins Klassenbuch. – Der Klassenlehrer, Studienrat Moser, äußerte, nun sei es an der der Zeit, ein Exempel zu statuieren. Er kündigt an, dass er in der Klassenkonferenz Gerhards Ausschluss vom Unterricht für eine Woche beantragen wird. Überdies sei er nicht mehr bereit, die geplante Klassenfahrt nach Südtirol durchzuführen.

Gerhard Sanders Vater erfährt von dem drohenden zeitweiligen Ausschluss vom Unterricht und kündigt seinerseits an, in diesem Falle die Schulkonferenz anzurufen. Nötigenfalls behält er sich auch rechtliche Schritte vor, weil er nicht einsehen will, dass sein Sohn für dieses „Bagatelldelikt" derart hart bestraft werden soll, ohne dass eine entsprechende „Vorwarnung" ausgesprochen wurde. Zudem sei Gerhard nur einer von mehreren auffälligen Schülern, der offenbar nur für alle anderen den „Kopf hinhalten" solle.

Der Klassenlehrer wendet sich daraufhin an seine Schulleiterin Ost. Dir. Bork. Diese schlägt ein Gespräch der am Konflikt Beteiligten vor, um eine „sinnvolle Lösung" zu finden, bevor sich die Situation weiter zuspitzt.

Gesprächsteilnehmer sind:
Gerhard Sander; Schüler 10s
Marion Schnierle; Klassensprecherin 10s
StR Moser; Klassenlehrer
Ost. Dir. Bork; Schulleiterin
Gernot Sander; Vater von Gerhard

> Eine Gruppe stellt den Konflikt im Rollenspiel dar. Am Ende sollte ein Ergebnis stehen, das von allen Beteiligten akzeptiert werden kann. Die restlichen Schülerinnen beobachten den Ablauf und beteiligen sich mit ihren Berichten an der gemeinsamen Auswertung.
>
> (Entnommen aus: Politik und Unterricht, 2/1988)

9 Soziometrie

Für die Gruppenleiter ist es wichtig, die Struktur ihrer Gruppe zu kennen. Die Gruppenpädagogik kann eine Technik anbieten, die die Beziehungen in der Gruppe (Zuneigung/Sympathie – Ablehnung/Antipathie) und die Struktur der Gruppe ermittelt. Das von Moreno entwickelte soziometrische Verfahren ist eine Methode, die mit Hilfe von standardisierter Fragen die sozialen Beziehungen zwischen den Mitgliedern einer Gruppe erforscht und graphisch darstellt. Die wesentlichen Ziele der Soziometrie sind:

(1) die Erforschung der Gruppenstruktur, z.b. in Schulklassen, Kindergarten- bzw. Heimgruppen
(2) die Erstellung einer Individualdiagnose, d.h. es wird die soziale Position und der Status einzelner Mitglieder innerhalb der Gruppe ermittelt
(3) die Kleingruppenforschung: Dabei geht es um die Erhebung von Gesetzmäßigkeiten sozialer Abläufe und die Entstehung und Veränderung von Gruppenstrukturen in Gruppen.

ERHEBUNG DER DATEN

Die Sammlung der Daten kann je nach Art der Gruppe, dem Alter bzw. dem Entwicklungsstand der Gruppenmitglieder mit verschiedenen Möglichkeiten vorgenommen werden:

- Die Wahlen zur Feststellung von Vorlieben und Abneigungen werden in einer geheimen Befragung durchgeführt. Mögliche Fragestellungen können hierbei sein:
  - Schreibe den Namen des Kindes auf, das du am liebsten hast.
  - Wen magst du in der Gruppe am liebsten?
  - Neben wem würdest du am liebsten in der Klasse sitzen?
  - Wen würdest du am liebsten zu deinem Geburtstag einladen?
  - Mit wem möchtest du am liebsten in die Ferien fahren?
  - Mit wem möchtest du zusammenarbeiten?

In ähnlicher Form können Fragen zur Ablehnung gestellt werden.

Nach dem Kriterium der Wahl sind zwei Möglichkeiten zu unterscheiden:

- Merkmale, die sich stärker auf das Zusammenleben beziehen, wie z. B. zusammen spielen, zusammen den Urlaub verbringen, gemeinsame Freizeitgestaltung.
- Merkmale, die eher das Zusammenarbeiten in den Vordergrund rücken, wie z. B. gemeinsame Gruppenarbeit in der Schule.
- Eine solche Art der Befragung kann im Alltag, wenn es um das Herausfinden der Gruppenstruktur geht, durch die Beobachtung ersetzt werden, z. B. welches Kind in der Kindergartengruppe als Spielpartner gewählt bzw. abgelehnt wird.
- Da eine Befragung von Kindergartenkindern nicht geeignet ist, schlägt Hundertmarck (1975) für diese Gruppe eine Methode vor, bei der die Kinder einen oder zwei Partner für eine direkt danach auszuführende Handlung wählen sollen.

DARSTELLUNG UND AUSWERTUNG DER DATEN

Die Ergebnisse der Befragung oder der Beobachtung werden in einer Soziomatrix festgehalten und anschließend in einem Soziogramm dargestellt.
Die Soziomatrix ist eine Tabelle, in die Wahlen eingetragen werden und dient der mathematisch-tabellarischen Darstellung der Ergebnisse.

Soziometrie

Gewählte	Wähler															Zeilensumme
	Julia	Simon	Leon	Ahmet	Max	Paul	Alice	Sophie	Hassan	Hannah	Jonas	Hatice	Lena	Tim	Ben	
Julia						x		x	x				x			4
Simon	x				x							x				3
Leon	x			x	x											3
Ahmet											x	x				2
Max		x									x					2
Paul		x	x													2
Alice			x								x					2
Sophie						x			x							2
Hassan				x				x								2
Hannah													x			1
Jonas							x									1
Hatice																0
Lena																0
Tim																0
Ben																0
Spaltensumme	2	2	0	2	2	2	2	2	2	2	2	2	2	0	0	

Das Soziogramm ist die grafische Darstellung der sozialen Beziehungen in einer Gruppe.

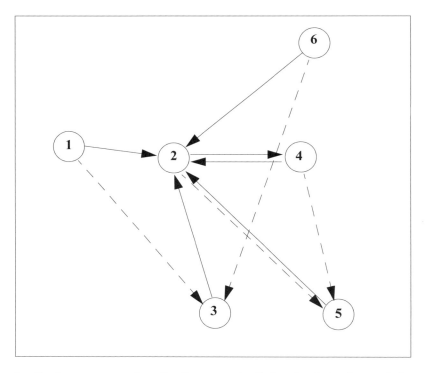

Im Soziogramm werden die Gruppenmitglieder durch Kreise und die Beziehungen durch Pfeile dargestellt. Wahlen werden mittels durchgezogener und Ablehnung mittels gestrichelter Pfeile wiedergegeben. Anhand der abgegebenen Positiv- und Negativwahlen kann man etwas über die Stellung der Gruppenmitglieder erfahren:
- Star: die Person, die die meisten positiven Stimmen erhält
- Mitläufer: wird nicht gewählt, wählt Star und lehnt die von der Gruppe abgelehnten Mitglieder ab
- Schwarzes Schaf: erhält die meisten Ablehnungen
- Der Vergessene: wählt, wird selbst aber nicht gewählt
- Außenseiter: wählt niemand und wird auch nicht gewählt.

Nach Backman/Secord (1968) wird ein Gruppenmitglied folgende Personen wählen:

- Diejenigen, mit denen es öfter Gelegenheit zur Interaktion gehabt hat,
- diejenigen, die Eigenschaften haben, die am ehesten im Sinne der Normen und Werte der Gruppe sind,
- diejenigen, die ihm selbst in Einstellung, in Werthaltung und von der sozialen Herkunft her am ähnlichsten sind,
- diejenigen, von denen es annimmt, dass sie es auch wählen oder ihm positive Eigenschaften zuschreiben,
- diejenigen, in deren Gesellschaft es eine Befriedigung seiner Bedürfnisse erfahren hat.

Mit Hilfe einer graphischen Darstellung lässt sich die typische soziale Stellung der einzelnen Gruppenmitglieder besser erkennen. Mit der soziometrischen Technik lassen sich auch typische soziale Untergruppen und die Beziehungen der Untergruppen zueinander feststellen. Dabei können folgende Grundmodelle sozialer Untergruppen auftauchen:
Das Paar: Zwei Mitglieder wählen sich gegenseitig und erhalten wenige Wahlen von anderen Gruppenmitgliedern.

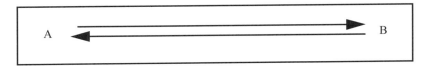

Die Clique bzw. Drei- oder Mehrecke: Einige Gruppenmitglieder wählen sich gegenseitig, richten wenige Wahlen nach außen und empfangen wenige Wahlen von deren Gruppenmitgliedern.

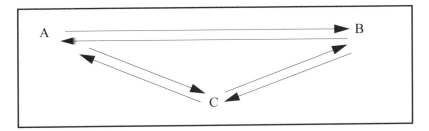

Die Kette: Jedes Mitlied hat nur mit den beiden „Nachbar-Gliedern" der Kette Beziehungen, aber nicht zu den anderen.

Die Gabelung: Mehrere Mitglieder sind untereinander indirekt über einen Vermittler verbunden.

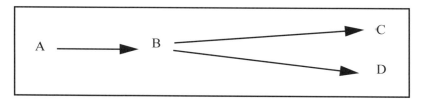

Der Stern: Sternförmige Gruppierung um einen bevorzugten Star.

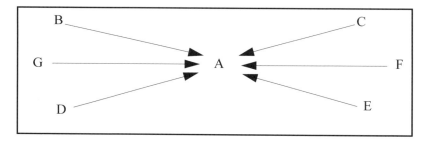

Mittels der soziometrischen Analyse, die sich vor allem auf die emotionale Struktur einer Gruppe bezieht (gegenseitige Anziehung und Ablehnung), wird deutlich, welche Position jemand in der Gruppe einnimmt, wobei es sich z. B. um eine gehobene oder eine niedrige Stellung handeln kann. Der Status, d.h. das Ansehen, das Gruppenmitglieder in einer bestimmten Position bei den anderen genießen, wird ebenfalls erkennbar. Das Soziogramm gibt außerdem Aufschluss über die soziale Hierarchie (z. B. Hackordnung) in der Gruppe.

Hackordnung ist ein Ausdruck für die soziale Rangordnung bei Tieren, die erstmals bei Hühnern nachgewiesen wurde. Im übertragenen Sinn ist damit eine hierarchische Struktur gemeint, in der eine dominante Person Druck auf die niedrigen Positionsinhaber ausübt, wobei diese wiederum den von oben empfangenen Druck überproportional an die noch weiter unten Platzierten weitergeben.

Bei der Durchführung des soziometrischen Verfahrens sollte beachtet werden:

- Das Soziogramm ist immer nur eine Momentaufnahme der Gruppe. Es sollte deshalb nicht angenommen werden, dass ein Soziogramm, das zu einem bestimmten Zeitpunkt erstellt wird, die Verhältnisse zuverlässig zu einem anderen Zeitpunkt widerspiegelt. Besonders in Kindergruppen gibt es Indizien dafür, dass sich die Beziehungen untereinander schnell ändern können.
- Diese Methode gewinnt nur besonderen Wert und verlässlichere Aussagen über die Situation und Entwicklung der Gruppe, wenn es in bestimmten Zeitabständen öfter wiederholt wird.
- Wenn ein Soziogramm in der Arbeit mit Gruppen eingesetzt wird, muss auch berücksichtigt werden, dass die Ergebnisse der Befragung und das Soziogramm der Gruppenbeziehungen geheimgehalten werden.
- Das soziometrische Verfahren für sich allein reicht nicht aus, weswegen die durch das Soziogramm gewonnenen Ergebnisse immer durch zusätzliche Informationen und gezielte Beobachtungen ergänzt werden sollten. Das Soziogramm ist meist der erste Schritt, um die Gruppenstrukturen klarer zu erkennen, damit dann um so wirkungsvoller mit der Gruppe gearbeitet werden kann. Die einzelnen Maßnahmen müssen von Fall zu Fall aufgrund der offenkundig gewordenen Gruppenbeziehungen entwickelt werden. Insbesondere sollte sich die Erzieherin darum bemühen, die isolierten Mitglieder in die Gruppe zu integrieren.

10 Gruppendiagnose

Das diagnostische Verfahren wird in verschiedenen Bereichen, wie z. B. in der Medizin oder in der Psychologie, als Selbstverständlichkeit angesehen. Diese Untersuchungsmethode kann auch auf Gruppenvorgänge übertragen werden. Mit Hilfe dieses Verfahrens können bestimmte gruppendiagnostische Faktoren präziser beobachtet werden, was dem Gruppenleiter anschließend zielgerichtetes Intervenieren ermöglicht. Der Handlungsablauf der Gruppendiagnose verläuft im einzelnen in vier Schritten:

(1) Diagnose (beobachten, beschrieben)
(2) Zielplanung
(3) Intervention
(4) Auswertung

Wie eine Gruppendiagnose aussehen kann, wird aus dem folgenden Fragenkatalog von Malcher (1977, 25ff.) erkennbar.

Gruppendiagnostische Faktoren

I   Äußere Faktoren

1 Art der Gruppe
- Wie kam sie zustande?
- Freiwillig?
- Durch wen?
- Was zeichnet sie aus?

2 Zusammensetzung der Gruppe
- Welche Teilnehmer – Alter, Geschlecht?
- Wieviele Teilnehmer?
- Welche Berufe?
- Familienstand?

3 Ziel der Gruppe
- Welche Fernziele?

- Welche Nahziele?
- Wer setzt die Ziele?
- Gruppenmitglieder?
- Gruppenleiter?
- Träger, Verband?

4 Aufgaben der Gruppe
- Welche Aufgaben?
- Wer setzt sie?
- Wer führt sie aus?

II Strukturen, Gesetzmäßigkeiten, Gruppenfaktoren

5 Gruppenphasen
- Welche Phase zur Zeit?
- Orientierungs-/Voranschlussphase?
- Klärungs-/Machtkampfphase?
- Vertrautheits-/Intimitätsphase?
- Auflösungsphase?

6 Gruppennormen
- Normen entwickeln sich in der Gruppe, sie sind ein schweigendes Übereinkommen, sind Kräfte in der Gruppe, die der Gruppenleiter kennen und respektieren sollte.
- Wie kommt es zur Normenbildung?
- In welcher Phase wird eine Normenbildung eingeleitet?
- Was bedeuten Normen und wer sanktioniert sie?
- Welche Normen wurden entwickelt?
- Welche Normen fördern den Gruppenprozess?

7 Gruppengefühle
- Die Gruppe entwickelt durch das Zusammenleben ein Wir-Gefühl. Es gibt Gruppen, die Symbole verwenden, um ihre Gruppengefühle zu zeigen, z. B. die Stammtischfahne, ein Zeichen oder eine Stifterfigur.
- Welche Gefühle sind auffallend?
- Wie stark fühlt sich die Gruppe als Gruppe?
- In welcher Phase zeigen sich Gruppengefühle?

- Was und wie ist der Grad des Wir-Gefühls?

8 Gruppenaktivitäten
- Alles, was in der Gruppe geschieht, was die Gruppe tut, ist Aktivität.
- Eine sichtbare Aktivität ist das Programm.
- Welche Aktivitäten werden in der Gruppe beobachtet?
- Welche Aktivitäten bei Untergruppen oder Einzelnen?
- Welche Aktivitäten zum Gruppenleiter?
- Welche Aktivitäten steuert der Gruppenleiter?

9 Gruppenentscheidungen
In jedem Dasein werden Entscheidungen gefällt, auch in Gruppen. Der Entscheidungsprozess geht ständig vor sich, gleich in welcher Phase die Gruppe steht, z. B. in der Orientierungsphase; wenn sich die Gruppe das erste Mal trifft, steht sie schon vor der Entscheidung, ob sie ein zweites Mal zusammenkommen will. Alter, Geschlecht, Bildungsgrad der Mitglieder und die jeweilige Gruppenphase beeinflussen die Gruppenentscheidung.
- Welche Entscheidungen trifft die Gruppe?
- Wie fällt die Gruppe Entscheidungen?
- Gibt es dabei Mehr- und Minderheiten?
- Wirken sich die Entscheidungen fördernd oder hemmend auf den Gruppenprozess aus?
- Welches Verhalten zeigt der Gruppenleiter im Entscheidungsprozess?
- Welche Entscheidungen werden verdrängt?

10 Rollen in der Gruppe
Welche Rollen gibt es?
- Welches Verhältnis der Rollenträger besteht untereinander?
- Welche Rollenfixierungen gibt es?
- In welcher Phase besteht die höchste Rollenflexibilität?
- Welche Rollenveränderungen wurden beobachtet?
- In welchen Rollen wird der Gruppenleiter gesehen?

11 Gruppenkonflikte
- Welche Konflikte werden z. Z. in der Gruppe gesehen?

- Wie wird mit den Konflikten in der Gruppe umgegangen?
- Wurden sie gelöst – wie?
- Welche Aktivitäten verhindern die Konflikte?
- Welche weiteren Lösungsmöglichkeiten bieten sich an?
- Wie steht der Gruppenleiter zu den Konflikten?

INTERVENTIONEN

Der Begriff Intervention meint in der Gruppenarbeit gezielt methodisches Einwirken in das Gruppengeschehen. Sprechen, Verhalten, aber auch gezieltes Schweigen des Gruppenleiters können Interventionen sein.
- Welche Interventionen gehen vom Gruppenleiter aus?
- Wie werden die Interventionen angenommen?
- Werden sie abgelehnt – von wem – warum?
- Wer interveniert von den Gruppenmitgliedern – wie – womit – wodurch?
- Welche Interventionstechniken werden angewandt?

CHECKLISTE ZUR SELBSTEINSCHÄTZUNG DES GRUPPENKLIMAS
(vgl. Hahn/Janssen, 1995, 219)

( ) Bei mir war der private Bekanntenkreis wichtiger als die Beziehungen in der Gruppe.

( ) Gegenüber Problemen, die uns als Gruppe betrafen, haben wir uns solidarisch verhalten.

( ) Es war möglich, persönliche Probleme mit Gruppenmitgliedern zu besprechen.

( ) Die Kontakte, die ich in der Gruppe geknüpft habe, sind im privaten Bereich fortgesetzt worden.

( ) Die Kontakte waren zu unverbindlich, als dass wir uns als Gemeinschaft bezeichnen konnten.

( ) Es ist uns gelungen, privat aufeinander einzugehen und gute Beziehungen aufzubauen.

( ) Es gab bei uns eine Reihe von festen und über längere Zeit stabile Untergruppen.

( ) Wir waren als Gruppenmitglieder isoliert und sind einander anonym geblieben.

( ) Das Klima in unserer Gruppe war beherrscht von der „Jagd nach hohen Leistungen".

( ) Meine persönlichen Probleme und Schwierigkeiten musste ich vor der Gruppe zurückhalten.

( ) Es ist uns gelungen, eine Gemeinschaft aufzubauen.

Für die Bewertung stehen folgende Zahlen zur Verfügung:

1 = trifft voll zu
2 = trifft eher zu
3 = teilweise
4 = trifft eher nicht zu
5 = trifft überhaupt nicht zu

11 Interaktionsanalyse

Das von Bales vorgelegte Kategoriensystem stellt eine der umfassendsten Methoden zur Interaktionsanalyse einer Gruppe dar. Das Beobachtungsschema von Bales eignet sich für Arbeitsteams, Diskussionsgruppen oder Schulklassen. Jeder Interaktion in einer Gruppe wird von einem Beobachter einer von zwölf Kategorien zugeordnet. Am Ende wird für jedes Gruppenmitglied ermittelt, wie oft es sich im Sinne der verschiedenen Kategorien geäußert hat. So kann dieses Verfahren z. B. gewisse Aufschlüsse über dominante Interaktionsmuster in Gruppen geben.

Kategorien der Interaktionsbeobachtung nach Bales

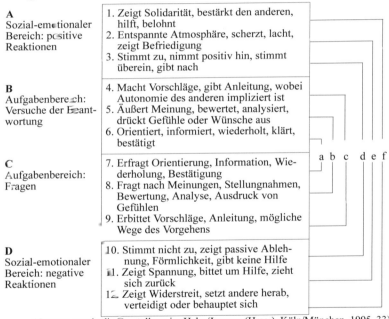

(Genutzt wurde die Darstellung in: Hahn/Janssen (Hrsg.), Köln/München, 1995, 33)

a = Probleme der Orientierung und Verständigung
b = Probleme der Bewertung und Beurteilung
c = Probleme der Kontrolle und Einflussnahme
d = Probleme der Entscheidung
e = Probleme der Spannung und Spannungsbewältigung
f = Probleme der Integration der Gruppe

Aufgaben

1. Kurzbefragung

(1) Wie fühle ich mich in dieser Gruppe?
- Sehr unbehaglich
- Ziemlich unbehaglich
- Etwas mehr unbehaglich als wohl
- Weder unbehaglich noch wohl
- Eher wohl als unbehaglich
- Ziemlich wohl
- Sehr wohl

(2) Wie weit waren heute die Gruppenziele klar?
- Völlig unklar
- Ziemlich unklar
- Eher unklar
- Weder klar noch unklar
- Eher klar als unklar
- Ziemlich klar
- Völlig klar

(3) Wie arbeitet die Gruppe?
- Faul und zufrieden
- Ziemlich oberflächlich
- Eher oberflächlich als tiefgehend
- Weder oberflächlich noch tiefgehend
- Eher tiefgehend als oberflächlich
- Ziemlich tiefgehend
- Begierig und hungrig – intensiv tiefgehend

(4) War die Diskussion sachfremd oder sachbezogen?
- Völlig sachfremd, theoretisch unrealistisch
- Ziemlich sachfremd
- Eher sachfremd als sachbezogen
- Sie hielt sich in der Mitte

- Eher sachbezogen als sachfremd
- Ziemlich sachbezogen
- Völlig sachbezogen

(5) Haben die Teilnehmer mehr über die Sachinhalte oder die Entwicklung der Gruppe gesprochen?
- Völlig inhaltsorientiert, sprachen zur Sache
- Mehr auf Inhalt, als auf Entwicklung orientiert
- Etwas mehr auf Inhalt als auf Entwicklung orientiert
- Etwa gleichermaßen auf Inhalt wie auf Entwicklung orientiert
- Etwas mehr auf Entwicklung als auf Inhalt orientiert
- Eher mehr auf Entwicklung als auf Inhalt orientiert
- Fast völlig entwicklungsorientiert, befassten sich mehr mit Problemen der persönlichen Beziehungen, Gefühle und Gruppenvorgängen

(6) Waren die Mitglieder darauf aus, Punkte für sich zu gewinnen, oder ihre eigenen Standpunkte durchzusetzen?
- Völlig darauf aus, Punkte für sich zu sammeln
- Ziemlich darauf aus
- Mehr darauf aus, Punkte zu sammeln, als die Bedeutung der Sache zu erwägen
- Gleichermaßen darauf aus, Punkte zu sammeln, als darauf, die Bedeutung der Sache zu erwägen
- Etwas mehr die Sache erwägend, als darauf aus, Punkte zu sammeln
- Ziemlich darauf aus, die Bedeutung der Sache zu erwägen
- Völlig nur an der Bedeutung der Sache orientiert

(7) Wurden abweichende Ansichten genügend angehört?
- Nein, sie blieben völlig unbeachtet, wurde nicht zugelassen, abgewiesen bzw. beiseite geschoben
- Blieben ziemlich unbeachtet
- Mehr unbeachtet als verwendet
- Weder verwendet noch unbeachtet
- Mehr verwendet als unbeachtet

- Ziemlich viel verwendet
- Ja, sie wurden vollständig besprochen, untersucht, ausgewertet und in Erwägung gezogen.

(8) Fühle ich mich der Mehrzahl der Teilnehmer gegenüber frei oder unfrei?
- Nein, ich fühle mich völlig abgekapselt, verschlossen und versteckt
- Ziemlich eingeengt von den anderen
- Eher eingeengt als frei
- Weder eingeengt noch frei und äußerungsfähig
- Eher frei und äußerungsfähig als eingeengt
- Ziemlich frei und äußerungsfähig
- Ja, ich fühle mich ziemlich frei und äußerungsfähig, offen und meinen Gefühlen entsprechend

(9) Fühle ich mich mit der Gruppe identifiziert?
- Nein, ich fühlte mich völlig negativ, in mich zurückgezogen, gelangweilt, abgewiesen, nicht angenommen, außerhalb stehend
- Ziemlich außerhalb
- Etwas mehr außerhalb als in der Gruppe
- Weder in noch außerhalb der Gruppe
- Etwas mehr in der Gruppe als außerhalb
- Ziemlich in der Gruppe
- Ja, ich fühlte mich völlig aufgenommen, selbst in der Gruppe stehend

(10) Bekam ich Hilfe, wie ich sie gebraucht hätte?
- Nein, meine Bedürfnisse blieben völlig unbeachtet
- Ziemlich unbeachtet
- Mehr unbeachtet gelassen als wahrgenommen
- Weder unbeachtet gelassen noch wahrgenommen
- Mehr wahrgenommen als unbeachtet gelassen
- Ziemlich wahrgenommen
- Ja, meine Bedürfnisse wurden wahrgenommen, es wurde ihnen in völlig befriedigender Weise entsprochen

(11) Welche Mitwirkung war mir heute in der Gruppe möglich?
- Völlig unwirksam, der Gruppe bei der Erreichung ihrer Ziele zu helfen
- Ziemlich unwirksam
- Etwas mehr unwirksam als wirkungsfähig
- Weder unwirksam noch mitwirkungsfähig
- Etwas mehr mitwirkungsfähig als unwirksam
- Ziemlich mitwirkungsfähig
- Voll mitwirkungsfähig, der Gruppe bei der Erreichung ihrer Ziele zu helfen

(12) Was halte ich im Augenblick in dieser Gruppe?
Ich halte sie für...
- Die denkbar schlechteste Gruppe
- Ziemlich dürftig
- Eher dürftig als gut
- Weder schlecht noch gut
- Eher gut als schlecht
- Ziemlich gut
- Die denkbar beste Gruppe

(13) Heute war der Gruppenleiter...
- Völlig inaktiv
- Ziemlich inaktiv
- Etwas mehr passiv als aktiv
- Weder passiv noch aktiv
- Etwas mehr aktiv als passiv
- Ziemlich aktiv
- Sehr aktiv

(14) Ich glaube, dass der Gruppenleiter diese Gruppe betrachtet als...
- Die denkbar schlechteste Gruppe
- Ziemlich schlecht
- Eher schlecht als gut

- Weder schlecht noch gut
- Eher gut als schlecht
- Ziemlich gut
- Die denkbar beste Gruppe

(15) Die besprochenen Probleme und Inhalte waren, verglichen mit Erfahrungen in anderen Gruppen...
- Völlig irgendwo und irgendwann abseits
- Überwiegend mehr abseits als hier und jetzt
- Etwas mehr abseits als hier und jetzt
- In gleichem Maße wie hier und jetzt
- Etwas mehr hier und jetzt als abseits
- Überwiegend mehr hier und jetzt als abseits
- Völlig hier und jetzt

(Entnommen aus: Brocher 1971, 128 ff.)

12 Gruppenleitung und Autorität

Als Leiterin einer Gruppe wird die Erzieherin nicht von der Gruppe bestimmt oder gewählt, sondern von einer übergeordneten Stelle (Träger, Behörde) eingesetzt. Zwischen der Erzieherin als Gruppenleiterin und ihrer Gruppe besteht eine berufliche Beziehung: „Dies bedeutet, dass sie befristet und ablösbar, mithin auf einen anderen übertragbar ist; sie verlangt, daß der Leiter sich allen gleichmäßig, wenn auch nicht in gleicher Weise, zuwendet, und keine Freundschaften oder Feindschaften zu einzelnen Mitgliedern entwickelt; dass er sich seines Zieles und seiner Verantwortung bewusst bleibt; dass er die Beziehung um der Gruppe und nicht um seiner eigenen Bestätigung willen pflegt; dass sie eine helfende Beziehung ist, die Anerkennung und Forderung in rechter Verschränkung vereint, eine Beziehung, auf der Erziehung beruht" (Kelber 1971, 76).

Allgemein ist die Führung eine Tätigkeit, die die Steuerung und Gestaltung des Handelns anderer Personen zum Gegenstand hat. Sie vollzieht sich in Teilprozessen (Zielsetzung, Planung, Entscheidung usw.). Dabei besitzt Führung drei wichtige Aufgabenfelder:

(1) Sachlicher Aspekt (Steuerung der verschiedenen Einzelaktivitäten im Hinblick auf die Gruppe)
(2) Humaner Aspekt (Menschenführung, Verhaltensbeeinflussung, Motivation usw.)
(3) Beziehungs- bzw. Kommunikationsaspekt (Gespräche, Kontakte herstellen, informieren, beraten, anleiten usw.).

Die soziale Erziehung und die Entwicklung der Gruppenfähigkeit der Kinder ist besonders im Kindergarten in hohem Maße von der Haltung und dem Verhalten der Erzieherin abhängig. Die Kinder in diesem Alter bedürfen aufgrund ihres Entwicklungsstandes einer stärkeren Anleitung von seiten der Erzieherin. Die Erzieherin als Gruppenleiterin hat dabei folgende Aufgaben im Auge zu behalten:

- die Beziehung innerhalb der Gruppe zu pflegen
- die Fähigkeiten der Gruppenmitglieder zu fördern.

Bei der Umsetzung dieser Ziele kommt es entscheidend darauf an, von welcher Art die Gruppenführung ist. Dazu ist es hilfreich, die wissenschaftlichen Untersuchungen über einzelne Leitungs- bzw. Führungsstile heranzuziehen. Von Lewin, Lippitt und White wurden bereits in den 1930er und 1940er Jahren in einer Pionierstudie Merkmale und Auswirkungen verschiedener Führungsstile festgestellt (vgl. Erziehungsstile). Wir können von daher im Wesentlichen drei Formen unterscheiden, mit der Gruppenleiterinnen versuchen, ihre Leitungsaufgabe zu meistern: der autoritäre, der demokratische und der Laissez-faire Stil.

Der autoritäre Führungsstil

Verhalten der Gruppenleiterin	Wirkungen auf die Gruppenmitglieder
Kontrolle Überwachung bei der Durchführung von Aufgaben alleinige Verantwortung Planung und Festsetzung der Ziele Übergehen von Bedürfnissen Einzelner häufige Anordnungen, Anweisungen und Befehle trifft wichtige Entscheidungen selbst, ohne die Gruppe zu beteiligen	Abhängigkeit von der Leitung Bremsung von Initiative, Spontaneität und Kreativität wenig Gemeinschaftsgeist Misstrauen, Spannung, Reizbarkeit und Rivalität untereinander Feindseligkeiten, Aggressionen, Rache- und Vergeltungswünsche gegenüber schwächeren Mitgliedern (Sündenböcken) oder gegen sich außerhalb der Gruppe befindende Personen bzw. Gruppen bessere quantitative Leistungen Leistungsabfall bei Abwesenheit oder Wechsel der Leiterin

Der demokratische Führungsstil

Verhalten der Gruppenleiterin	Wirkungen auf die Gruppenmitglieder
Anregung zu Selbständigkeit und Initiative Freundlichkeit Gewähren eines hohen Maßes an Freiheit und Freiraum Setzung von begründeten und einsichtigen Grenzen Ermutigung zu einer aktiven Mitarbeit aller Beobachtung der dynamischen Prozesse Hilfen bei Problemen/Konflikten u. Aufzeigen von Lösungsmöglichkeiten (Beraterin) Anwendung konstruktiver Kritik	Aktivität eigenständige Entscheidungen freundlicher Umgang offener Austausch und Akzeptanz der Gefühle und Bedürfnisse reger Informations- und Meinungsaustausch Bereitschaft zu Kooperation Gruppengeist Übernahme von Verantwortung größere Vielfalt und mehr spontanes Verhalten ausgeglichenere Atmosphäre selbständiges Lösen von Konflikten geringes Interesse an Konkurrenz, Hierarchie- oder Statusfragen bessere qualitative Leistungen

Der Laissez-faire Stil

Verhalten der Gruppenleiterin	Wirkungen auf die Gruppenmitglieder
weitgehend passive und nachgiebige Haltung	Ratlosigkeit und Unsicherheit
keine Beteiligung am Gruppen- und Lernprozess	zunehmende Rivalitäten
kein Eingreifen in das Geschehen	Cliquenbildung
	Terrorisierung von Schwächeren
	rascher Zerfall der Gruppe
	Bedürfnis nach Führung

Offensichtlich erzielt eine Leiterin mit einem autoritären, demokratischen oder Laissez-faire Führungsstil beachtenswerte Unterschiede im Verhalten einer Gruppe. Kurz zusammengefasst bedeutet dies, dass die demokratische Gruppe – im Gegensatz zu den beiden anderen Stilen – eine größere Einheit und Solidarität hervorbringt, was ein besseres Gemeinschaftsgefühl und ausgeprägteres Wir-Bewusstsein bewirkt. Folglich kann eine solche Gruppe Belastungen leichter aushalten und bewältigen und ist eher gewappnet gegen eine Spaltung oder einen völligen Zerfall der Gruppe.

Ein kooperativer, partnerschaftlicher Führungsstil hat das künftige Wohl der Kinder zum Ziele, das vor allem erreicht wird durch: Gewähren individueller Freiheit in Form von zunehmender Selbstbestimmung, Anbieten von Wahl- und Entscheidungsmöglichkeiten, freiem Ausdruck der Gefühle, frühzeitige Förderung von Selbständigkeit und Verantwortung und wertschätzendem Erzieherverhalten.

Die Ergebnisse der Untersuchung von Lewin u. a. sind zwar auf die Arbeit mit Gruppen übertragbar, aber in der Praxis kommen die beschriebenen Leitungsstile in idealtypischer Weise selten vor. Meist sind bei Leiterinnen Mischformen erkennbar, wobei einer von den drei Stilen deutlich hervortritt. Tatsächlich ist eine Führungssituation so komplex, dass sie vielfach veränderte Verhaltensweisen innerhalb eines Tages erfordert. Führungsverhalten kann deshalb von Situation zu Situation auch wechseln. Welchen Führungsstil eine Erzieherin für ihre Gruppe anwendet, hängt auch von ihrer individuellen Eigenart ab. Ebenfalls sind dabei zu beachten: das Alter, die Herkunft und die Zahl der Kinder bzw. Jugendlichen und die jeweilige Institution (Kindergarten, Heim, Jugendhaus usw.). Demokratisch führen kann und muss die Erzieherin bereits die Kindergartengruppe; nur sieht das anders aus als bei einer Gruppe von 14-16jährigen Jugendlichen, in der Schule anders als im Ferienlager oder im Jugendhaus. Aber das Grundsätzliche muss, trotz aller Unterschiede, überall gleich sein: Ermutigung ist angesagt, dazu die Forderung der Selbständigkeit, der freien Entfaltung, der Wertschätzung und des Vertrauens.

Ein Wechsel des Leitungsstils bedingt auch Veränderung im Gruppenverhalten. Lewin äußerte sich dazu wie folgt: „... denke ich, dass die Beweise sehr deutlich dafür sprechen, dass die Verhaltensunterschiede in der autokratischen und demokratischen Situation nicht auf Unterschiede in den Individuen zurückzuführen sind. Wenige Erfahrungen haben mich so beeindruckt wie der Ausdruck in den kindlichen Gesichtern am ersten Tage unter einem autokratischen Führer. Die Gruppe, die zuvor freundlich, offen, kooperativ und voller Leben gewesen war, wurde in einer knappen halben Stunde eine sehr apathisch wirkende Versammlung ohne Initiative. Der Wechsel von Autokratie zu Demokratie schien etwas mehr Zeit in Anspruch zu nehmen, als derjenige von Demokratie zu Autokratie. Die Autokratie wird dem Individuum aufgezwungen, die Demokratie muss er lernen!" (zit. nach Sader 2008, 273).

H. Nickel (1980) forschte Ende der 1970er Jahre nach dem Zusammenhang zwischen dem Verhalten der Erzieherinnen und dem Sozialverhalten der Kinder. Seine Studien ergaben, dass ein aktiv-kooperatives Verhalten bei Kindern besonders häufig auftritt, wenn eine Erzieherin ein deutlich ausgeprägtes Ausmaß an positiver sozial-emotionaler Zuwendung und ermutigendem und anregendem Verhalten zeigt. Sie ist „freundlich, zugewandt und emotional warm sowie bestätigend, Initiativen fördernd und großzügig. Eine Lenkung in Form von Befehlen, Ermahnungen und Verboten ist stark reduziert, deutlich ausgeprägt dagegen ist jene erzieherische Aktivität, die mit Stimulierung und Anregung umschrieben wurde. Dieser Erziehertyp zeigt ein hohes Ausmaß an verbaler Aktivität, indem er die Kinder während der Beschäftigung besonders häufig individuell und persönlich anspricht und viele Hilfeleistungen gibt" (Hahn/Janssen, 1995, 281).

Die Anwendung des demokratischen Leitungsstils kann in der Praxis Probleme bereiten, da manche Kinder bzw. Jugendliche von ihrer Familie oder der Schule her diese Art des Führens nicht gewohnt sind. Gesteht die Erzieherin den Kindern bzw. Jugendlichen viel Eigeninitiative zu, so kann dies die Betroffenen erheblich überfordern und verunsichern, da sie aus Gewohnheit eher Anleitung, Verbote und Gebote erwarten. Die partnerschaftlich geführte Gruppe bedarf einer Gruppenatmosphäre, die bestimmt ist durch Toleranz, Sachlichkeit und Kompromissbereitschaft. In ihr gilt weder „jeder für sich" noch „einer für alle" sondern „jeder für alle – und so auch für sich".

Der demokratische Führungsstil berührt auch die Frage nach der Autorität, denn ohne sie ist die Leitung einer Gruppe nicht denkbar. Das lateinische Wort „auctoritas" steht für Begriffe wie Macht, Einfluß und Ansehen, wobei damit im wesentlichen der soziale Einfluss einer als vorbildhaft anerkannten Person gemeint ist: „Autorität ist das Ansehen und der bindende Einfluss, den Personen, Institutionen, Religionen, Weltanschauungen und anderes als Macht- und Wertverkörperungen auf Individuen und Gruppen ausüben. Autorität wird unmittelbar als persönliche Autorität erfahren oder beruht auf Erfahrung auf Grund von Können, Wissen Zugehörigkeit zu wichtigen Institutionen usw. Sie löst Verehrung, Sichfügen, Furcht usw. aus und wirkt als Vorbild. In der Erziehung ist sie wichtige Funktion für das Verhältnis von Lernenden und Lehrern, da Autorität als Wertüberlegenheit, nach der man sich aus freiem Antrieb richtet, dieses Verhältnis erst ermöglicht und für das Hineinwachsen in eine Kultur wie für ihre Stabilität entscheidend ist" (Dorsch 1959).

Folgende verschiedene Formen von Autorität werden unterschieden:

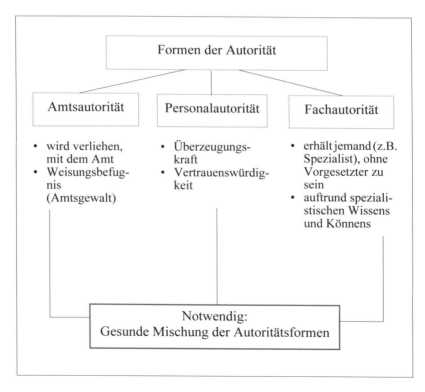

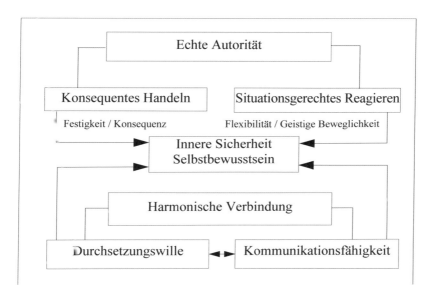

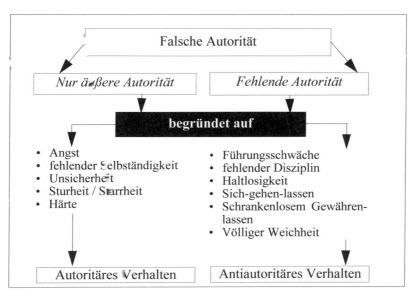

In einer Zeit, in der ein gewisser Autoritätsschwund in Beruf, Schule, Elternhaus und Gesellschaft spürbar ist, geht es auch heute nicht ohne Autorität in der Arbeit mit Gruppen. Einer Erzieherin als Leiterin einer Gruppe – besonders im Kindergarten – fällt in der Regel eine selbstverständliche, natürliche Autorität zu, in der sich die angeführten Formen vereinen. Gerade gegenüber Kindergarten-Kindern tritt ihre übergeordnete Stellung deutlich hervor, weil die Kinder infolge ihres Entwicklungsstandes auf eine erwachsene Bezugsperson hin ausgerichtet sind und parallel dazu ihre Kommunikations- und Kooperationsfähigkeit untereinander noch beschränkt ist. Autorität hat dabei eine um so größere Bedeutung, je mehr sie freiwillig anerkannt wird und je weniger sie sich auf Mittel, wie z. B. Strafen, stützen muss. Autorität sollte weder ausschließlich auf Macht (Amtsautorität) noch ausschließlich auf Wissen und Können (Fachautorität) begründet sein, sondern auch besonders durch die Persönlichkeit. Autorität ist keine angeborene Eigenschaft einer Person, sondern sie existiert nur im Zusammenspiel mit anderen Menschen. Das ist nur dann der Fall, wenn z. B. eine Gruppenleiterin ihre sachbezogenen und vor allem persönlichen Fähigkeiten, Verhaltensweisen und Einstellungen, ihre Persönlichkeit so entwickelt hat, dass sie von anderen als Führungskraft, als Ratgeber und als Vorbild akzeptiert wird. Eine solche personale Autoritätsbeziehung setzt immer ein Vertrauensverhältnis voraus, eine offene und herrschaftsfreie Kommunikation, die Argumente, Anregungen und Kritik von Leiterin und Gruppe beidseitig zulässt. Man erkennt die Autorität eines anderen letztlich nur an, wenn man sicher sein kann, dass sie das in sie gesetzte Vertrauen rechtfertigt. Wenn eine Erzieherin ihre Autorität als Gruppenleiterin einsetzt, um Kinder zu fördern und sie zu Mündigkeit und Unabhängigkeit hinzuführen, ist ihre Autorität durch einen demokratischen Leitungsstil getragen. Die Autorität der demokratischen Leiterin legitimiert sich nicht durch ihre Macht oder die Anwendung von Zwang, sondern basiert auf Einsicht, Entfaltung der kindlichen Persönlichkeit und wird auch durch ihre Position als Anreger und Motor des Gruppengeschehens begründet. Fragwürdig wird Autorität, wenn eine Erzieherin ihre Macht als Gruppenleiterin benützt, um die ihr anvertrauten Kinder zu bevormunden, zu unterdrücken und kleinzuhalten. Dieses Verhalten entspricht dem autoritären Leitungsstil, wo Autorität dazu dient, anderen seinen Willen aufzuzwingen und sie seinen Interessen entsprechend zu manipulieren.

Aufgaben

(1) Rollenspiel
Es werden drei Untergruppen gebildet, die sich eine Leiterin wählen und sich eine Konfliktsituation ausdenken.
Jeder der drei Leiterinnen darf sich aus drei Zetteln, die umgekehrt auf einem Tisch liegen, einen aussuchen. Auf jedem der drei Zettel steht einer der drei Leitungsstile (demokratisch, autoritär, laissez-faire). Die Leiterinnen dürfen ihren Zettel der Gruppe nicht zeigen. Je nach Zettelwahl versuchen die Leiterinnen den entsprechenden Stil durchzuhalten.
Jede Gruppe spielt ihren Konfliktfall durch, wobei sich die Leiterin an die vorgeschriebene Rolle hält. Die Zuschauer beobachten vor allem das Verhalten der Leiterin und das dadurch bewirkte Verhalten bei der Gruppe. Jede Gruppe spielt etwa 10 Minuten. Anschließend teilen die Spieler mit, wie sie sich in ihren Rollen gefühlt haben. Im Plenum wird das Leiterverhalten und seine Auswirkungen erarbeitet.

(2) Der folgende Fragebogen dient zur Reflexion über seine Eigenschaften als Gruppenleiterin:

Ich führe neue Ideen in Zusammenarbeit mit der Gruppe aus.
  (a) oft   (b) manchmal   (c) selten   (d) nie

Ich mache freundliche und/oder humorvolle Bemerkungen während der Gruppenarbeit.
  (a) oft   (b) manchmal   (c) selten   (d) nie

Ich erkläre die Gründe für die Kritik, die ich machen muss.
  (a) immer   (b) manchmal   (c) selten   (d) nie

Ich arbeite mit der Gruppe zusammen.
  (a) immer   (b) manchmal   (c) selten)   (d) nie

Ich verlange absoluten Gehorsam von meinen Schützlingen.
(a) immer (b) manchmal (c) selten) (d) nie

Ich berate alle Entscheidungen mit der Gruppe.
(a) immer (b) manchmal (c) selten) (d) nie

Ich verteile Aufgaben, ohne die Kinder um ihre Zustimmung zu fragen.
(a) immer (b) manchmal (c) selten) (d) nie

Ich kritisiere die Arbeit eines Kindes, aber nicht das Kind persönlich.
(a) immer (b) manchmal (c) selten) (d) nie

KOMMUNIKATIONSPROZESSE

Kommunikation, ein Prozess der Verständigung zwischen Menschen und einzelnen Gruppen, ist mit dem Geschehen in einer Gruppe eng verbunden.

Unter Kommunikation werden die Vorgänge der Informationsübermittlung und des Informationsaustausches zwischen Menschen verstanden. Das von Watzlawick und seinen Mitarbeitern vorgelegte Modell dient zum besseren Verständnis von Kommunikationsprozessen. Hiernach wird von fünf grundlegenden Axiomen menschlicher Kommunikation ausgegangen:

- Man kann nicht nicht kommunizieren.
  Immer wenn sich Menschen wahrnehmen und aufeinander beziehen können, kommunizieren sie miteinander („face-to-face-Situation"), denn auch Schweigen und Abwenden ist eine Form von Kommunikation.

- Jede Kommunikation hat einen Inhalts- und Beziehungsaspekt, wobei der Beziehungsaspekt den Inhaltsaspekt bestimmt. In der Erziehung, wie in jeder Begegnung, teilen wir infolgedessen immer zweierlei mit:
  - eine inhaltliche Sachinformation und
  - eine soziale Beziehung.
- Die Natur einer Beziehung ist durch die Interpunktion der Kommunikationsabläufe seitens der Partner bedingt.
  Jeder der Kommunizierenden erklärt sein Verhalten aus dem vorausgehenden des anderen, d.h. Kommunikation verläuft also kreisförmig.
- Menschliche Kommunikation bedient sich digitaler (verbal) und analoger (nonverbaler) Modalitäten.
  Die „verschlüsselten" Mitteilungen müssen erst entschlüsselt werden, was zu Missverständnissen führen kann. Deshalb ist das Feedback so wichtig, damit der Sender weiß, ob und wie seine Nachricht angekommen ist. Dies ist vor allem dann wichtig, wenn sich verbale und nonverbale Kommunikation nicht in Übereinstimmung befinden oder sich ein Partner seiner analogen Kommunikation nicht bewusst ist.
- Zwischenmenschliche Kommunikationsabläufe können symmetrisch und/oder komplementär sein, je nachdem, ob die Beziehung zwischen den Partnern auf Gleichheit oder Ungleichheit beruht.

Jede Mitteilung, Nachricht oder Botschaft setzt sich nach Schulz von Thun (2006) aus den folgenden Aspekten zusammen:

- Sachebene: Sie meint nur den sachlichen Inhalt der Botschaft.
- Beziehungsebene: Sie sagt aus, wie die Person, die eine Nachricht sendet, zu dem Empfänger der Nachricht steht und wie sie über ihn denkt.
- Appelebene: Auf ihr zeigt der Sender der Nachricht, welche Erwartungen er an den Empfänger der Nachricht hat und wozu er ihn veranlassen möchte.
- Selbstoffenbarungsebene: Sie gibt Hinweise über die Person, die die Nachricht sendet, z. B.: Wie fühlt sich der Sender? Was sagt er mit seiner Aussage über sich und seine Gefühle?

Die beiden folgenden Beispiele von Bröder (2007, 151) sollen diese vier Dimensionen einer Nachricht veranschaulichen:

Elternäußerung: „Wenn ich an die Schule denke, wird in diesem Kindergarten zu viel gespielt und zu wenig gelernt".

- Sachseite: In diesem Kindergarten wird zuviel gespielt und zu wenig gearbeitet.
- Selbstoffenbarungsseite: Ich bin besorgt, dass Anna nicht genügend auf die Schule vorbereitet wird.
- Beziehungsseite: Ihre Meinung zu diesem Thema ist mir wichtig.
- Appellseite: Bitte informieren Sie mich über Ihre Arbeit im Kindergarten im Hinblick auf die Schule.

Kollegenäußerung: „Immer muss ich die ganze Arbeit allein machen!"

- Sachseite: Immer muss ich die ganze Arbeit allein machen.
- Selbstoffenbarungsseite: Ich fühle mich ausgenutzt.
- Beziehungsseite: Ich bin wütend auf dich!
- Appellseite: Hilf mir bitte endlich!

Für die Einübung der Kommunikation bedarf es der grundlegenden Technik des Zuhörens: „Die Erziehenden müssen lernen, mit dem Reden aufzuhören und mit dem Zuhören anzufangen" (Gordon 1985, 38). Das Zuhören ist untrennbar mit dem Sprechen verbunden. Ein Gespräch bleibt ohne Zuhören unweigerlich beim beidseitigen Monolog. Eine besonders intensive Form mittels Zuhören auf ein Kind einzugehen, nennt Gordon das aktive Zuhören. Es unterscheidet sich vom passiven Zuhören insofern, als der Empfänger durch die Rückmeldung des Gehörten aktiv zeigt, dass er den Sender sowohl akustisch als auch sinngemäß verstanden hat. Der Gesprächspartner wird dadurch zum Weitersprechen ermutigt und erhält die Möglichkeit, noch einmal genauer zu erklären oder eventuell auch etwas richtig zu stellen.

> Beispiel:
> Eine Erzieherin teilt die Kindergartengruppe für eine Aktivität in der Turnhalle auf.
> Kind: „Ich will nicht in die Turnhalle."
> Erzieherin: „Du hast heute keine Lust zum Turnen."
> Kind: „Doch, aber ich möchte jetzt mit Melanie in der Puppenecke spielen und nachher turnen."
> Erzieherin: „Aha, ich soll dich bei der zweiten Gruppe mitnehmen!"

Dem Kind wird hier Gelegenheit gegeben, weiter zusprechen und zu erklären. Somit wird sein Anliegen verstanden. Die Erzieherin erfährt die wirklichen Beweggründe, was durch eine Antwort, wie z. B. „Manchmal muss man auch Dinge tun, zu denen man keine Lust hat!" nicht möglich gewesen wäre.

Eine gewisse Fähigkeit zur Kommunikation besitzt mehr oder weniger jeder Mensch. Für die Erzieherin reicht dies allein nicht aus, denn für ihre erzieherische Arbeit ist es notwendig, dass Kommunikation gelernt und geübt wird. Hierbei gibt es eine Vielzahl von Methoden wie z. B.

- Das helfende oder personenorientierte Gespräch nach Carl Rogers

  Für Rogers ist besonders die Haltung und Einstellung gegenüber dem Gesprächspartner wichtig. Dabei nennt er folgende Kriterien:
  - Zuwendung = positive Wertschätzung (Respekt)
  - Wohlwollen = emphatisches Verstehen (Einfühlen)
  - Echtheit = Kongruenz (Übereinstimmung) im Verhalten gegenüber dem anderen Menschen.

- Die themenzentrierte Interaktion (TZI) nach Ruth Cohn

  Ruth Cohn (2004) begründet ihre Theorie der „Themenzentrierten Interaktion" mit der Erfahrung, dass Beziehung ebenso wie Lernen in Interaktion geschieht. Die individuellen Bedürfnisse, Gruppeninteressen, das Thema und die einzelnen Persönlichkeiten stehen bei der TZI in einem gleichgewichtigen Verhältnis zueinander. Hierbei soll eine dynamische Balance zwischen den angegebenen Faktoren hergestellt werden, in der jeder Faktor auf die anderen bezogen ist. Konkret gelten als Elemente der TZI:

  - Die Person („Ich") in ihrer Individualität und Eigenständigkeit
  - Die Gruppe („Wir")
  - Das Thema („Es")
  - Die Umgebung/Umwelt: Sie beeinflusst die Gruppe durch äußere Einflüsse wie z. B. familiäre und soziale Verhältnisse.

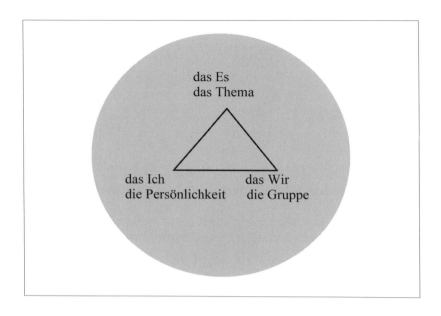

Solange ein dynamisches Gleichgewicht zwischen den Faktoren „Ich", „Es" und „Wir" immer wieder angestrebt wird, bestehen günstige Voraussetzungen für die Interaktion der Gruppe und für die Erfüllung der zu leistenden Aufgabe: „Es gehört zur Kunst des Gruppenleiters, innerhalb des Lern- und Arbeitsprozesses die Ansprüche und Bedürfnisse dieser drei Faktoren miteinander auszugleichen und den Bezug zum Umfeld dabei nicht aus dem Auge zu verlieren. Grundsätzlich soll aber die Aufmerksamkeit so rasch wie möglich auf den im Moment am stärksten vernachlässigten Faktor gelegt werden. Es trägt der Tatsache Rechnung, dass wir am Thema nicht mit voller Energie arbeiten können, wenn der einzelne keinen Bezug dazu findet oder wenn die Gruppe mit internen Problemen belastet ist" (Langmaack/Braune-Krickau 2000, 103).

Die von Cohn vertretene Auffassung, dass beim Lernen die Persönlichkeits-, die Beziehungs- und die Sachebene zusammenwirken müssen, damit eigene Kräfte entwickelt werden können, kann problemlos in die erzieherische Arbeit, die als Beziehungsprozess ihrem Wesen gemäß in allen diesen Ebenen verwurzelt ist, umgesetzt werden.

Als hilfreiche Anregungen für das Gelingen der Kommunikation hat Cohn folgende Regeln aufgestellt:

- Vertritt dich selbst in deinen Aussagen: sprich per „Ich" und nicht per „Wir" oder per „Man".
- Wenn du eine Frage stellst, sage, warum du fragst und was eine Frage für dich bedeutet. Sage dich selbst aus und vermeide das Interview.
- Sei authentisch und selektiv in denen Kommunikationen. Mache dir bewusst, was du denkst und fühlst, und wähle, was du sagst und tust.
- Halte dich mit Interpretationen von anderen so lange wie möglich zurück. Sprich statt dessen deine persönlichen Reaktionen aus.
- Sei zurückhaltend mit Verallgemeinerungen.
- Wenn du etwas über das Benehmen oder die Charakteristik eines anderen Teilnehmers aussagst, sage auch, was es dir bedeutet, dass er so ist, wie er ist (d. h. wie du ihn siehst).
- Es kann jeweils nur einer reden.
- Wenn mehr als einer gleichzeitig sprechen will, verständigt euch in Stichworten, über was ihr zu sprechen beabsichtigt.
- Vermeide nach Möglichkeit Seiten- und Einzelgespräche.

Aufgaben:

(1) Kontrollierter Dialog (präzises Sprechen und genaues Zuhören)
Die Bedingung der Übung ist, dass jeder eine den anderen jeweils befriedigende Zusammenfassung des Gehörten gibt, bevor er antwortet. Zuerst müssen Dreier-Gruppen (Rollen A, B, C) gebildet werden. Je zwei dieser drei Teilnehmer wählen sich ein Thema und versuchen, darüber ein Gespräch zu führen und zwar mit folgenden Spielregeln:

A beginnt mit einem Satz. B muss den Satz von A präzise und sinngemäß wiederholen. Wenn A daraufhin mit „stimmt" oder „richtig" bestätigt, darf B auf die Aussage von A antworten. Sollte A die Wiederholung von B verneinen („falsch" bzw. „nein"), muss B die Aussage von A nochmals wiederholen.
B fungiert als Beobachter und schaltet sich ein, wenn die Regeln nicht eingehalten werden. Die Rollen werden so lange gewechselt, bis jeder Teilnehmer in der Beobachterrolle war. Die Übung sollte jeweils ca. 15 Minuten dauern. Anschließend sollte eine gemeinsame Diskussion und Auswertung stattfinden.

(2) Turmbau
Verschiedene Kleingruppen (4 – 8 Teilnehmer) errichten aus vorgegebenem Material (Papier, Kartons, Wellpappe usw.) in 30 oder 35 Minuten einen Turm. Die Gruppen erhalten alternativ folgende Auflagen:

- Verbale und nicht-verbale Verständigung sind erlaubt.
- Nur nicht-verbale Verständigung ist erlaubt.

Jede Gruppe bestimmt einen Beobachter, der den Verlauf verfolgt und seine Beobachtungen in der anschließenden Diskussion mitteilt.

KOMMUNIKATIONSMUSTER, DIE EINEN DIALOG VERHINDERN

Die Beziehung zwischen Kind und Erzieherin wird durch die Art und Weise des Umgangs miteinander geprägt. Wenn wir etwas zu einem Kind sagen, sagen wir häufig etwas über ein Kind. Jedesmal, wenn wir mit einem Kind sprechen, tragen wir einen weiteren Stein zur Formung der Beziehung bei. Das Kind kann der Art jeder Botschaft entnehmen, was wir von ihm denken und sich so ein Bild davon machen, wie man es als Person sieht. Das Gespräch kann konstruktiv für das Kind und die Beziehung sein oder es kann destruktiv sein.

Gordon erläutert typische Mitteilungsmuster, die dazu führen, ein Gespräch destruktiv verlaufen zu lassen, als „Kommunikationssperren". Dazu gehören:

Befehlen und anordnen

„Lass den Blödsinn!" – „Hör auf herumzuzappeln!" – „Jetzt sei mal fünf Minuten still!"
Diese Botschaften demonstrieren erzieherische Macht und lassen das Kind spüren, dass seine Meinung und seine Bedürfnisse nicht wichtig sind. Sprachlicher Austausch wird untergraben. Das Kind antwortet mit ängstlicher Unterwerfung oder reagiert mit Empörung und Widerstand. Der Erzieher ist nun außerdem dazu gezwungen, darauf zu achten, ob die Anordnungen auch ausgeführt werden, was Anlass zu weiteren Auseinandersetzungen bietet.

Beschimpfen, lächerlich machen, beschämen

„Und du meinst, so einen brauchen sie in der Schule!" – „Du führst dich auf wie ein Baby!"
Das Selbstbewusstsein des Kindes kann durch solche Äußerungen großen Schaden nehmen. Sie wirken zerstörend auf sein Selbstwertgefühl. Dem Kind bleibt wenig Möglichkeit sich zu wehren, es sei denn es reagiert seinerseits mit Schimpfwörtern und „ungezogenem Verhalten".

Interpretieren und analysieren

„Du willst nur im Mittelpunkt stehen!" – „Du versuchst zu erreichen, dass ich wütend werde!"
In derartigen Botschaften legt die Erzieherin eine besonders überlegene Haltung an den Tag. Gordon nennt dies „Ich-weiß-warum" und „Ich-durchschaue-dich" Botschaften. Wenn die Erzieherin recht hat, bringen sie das Kind dazu, sich bloßgestellt zu fühlen. Interpretiert die Erzieherin wie so oft falsch, ärgert sich das Kind über die ungerechte Beschuldigung. Eine vertrauensvolle Beziehung kann kaum entstehen. Eher wird das Kind gelehrt, in Zukunft seine Probleme für sich zu behalten.

Warnen, ermahnen, drohen

„Wenn du weiter störst, darfst du nicht mitfeiern!"
Drohungen und Ermahnung können das Kind dazu bringen, Angst und Unterwürfigkeit zu empfinden. Vor allem aber fordern sie dazu auf, die Erzieherin auf die Probe zu stellen, Kräfte zu messen.

Verurteilen, negativ kritisieren

„Wo du bist, ist immer Streit!" – „Mit deinen zwei linken Händen kriegst du alles kaputt!"
Solche Negativurteile können der gesamten Lebenseinstellung des Kindes schaden. Es beginnt sich dumm, unwert, schlecht und ungeliebt zu fühlen.

Beruhigen, bemitleiden, trösten

„Das ist doch nicht so schlimm!" – „Tut gar nicht mehr weh!"
Der Versuch, Kindern ihre Empfindungen auszureden oder die Intensität ihrer Empfindungen zu leugnen, kann dazu führen, dass das Kind sich unverstanden fühlt. Eine weitere Kommunikation wird verhindert, weil das Kind spürt, dass es nicht ernst genommen wird.

Ablenken, aufheitern

„Morgen denkst du nicht mehr daran!"
Kinder sind im allgemeinen ganz ernsthaft dabei und in Anspruch genommen davon, wenn sie das Bedürfnis haben, über etwas zu sprechen. Wenn die Erzieherin mit Späßen reagiert, kann das Kind sich verletzt und zurückgewiesen fühlen. Ablenkende Botschaften vermitteln Interesselosigkeit und Zurückweisung.

Moralisieren und predigen

„Was hast du denn jetzt schon wieder gemacht!"
Strafpredigten oder Vorhaltungen folgen meist, wenn das Kind etwas angestellt hat. Die Erzieherin hält ihm sein Unrecht vor die Nase. Sie re-

det und das Kind muss, auf verlorenem Posten, einen Vortrag über sich ergehen lassen. Reaktionen können verzweifelte Verteidigung und Rechtfertigung, Ableugnen oder der Vorsatz, sich demnächst nicht mehr erwischen zu lassen, sein.

Raten, Vorschläge machen oder Lösungen geben

„Frag doch einfach Timmy, ob er mit dir spielt!" – „Warum teilt ihr die Klötze nicht einfach?"
Solche Botschaften werden von dem Kind oft als Beweis empfunden, dass die Erzieherin kein Zutrauen in das Urteilsvermögen oder die Fähigkeit des Kindes hat, seine eigene Lösung zu finden. Bekommen Kinder stets fertige Lösungen und gute Ratschläge von Erwachsenen angeboten, kann dies dazu führen, dass das Kind aufhört selbst zu denken und so vom Erzieher abhängig wird.

Auf den Grund gehen, fragen, verhören

„Warum hast du das getan?" – „Was hast du dir denn dabei gedacht?"
Solche Fragen können Kindern mangelndes Vertrauen, Verdacht und Zweifel zu verstehen geben. Verhöre können auch bedrohlich wirken, wenn Kinder nicht wissen, worauf es hinausläuft. Kinder reagieren dann mit Schweigen oder Schwindeln.

Die Technik des sich Mitteilens

Wenn der Erzieher selbst ein Problem hat, ist seine Rolle eine gänzlich andere, als wenn das Kind es hat. Es ist nun an ihm, die Kommunikation einzuleiten. Er ist Sender, da er sich selbst helfen kann und in erster Linie an den eigenen Bedürfnissen interessiert ist. Ob Kinder dem Anliegen des Erziehenden zuhören, ob es überhaupt zu einem Dialog kommt oder nicht, hängt von der Fähigkeit ab, etwas mitzuteilen. Herabsetzende Äußerungen sind sowohl als Antwort, wie auch als Mitteilung eines Anliegens nie ein Weg etwas zu erreichen, da sie jeden Dialog blockieren. Gordon unterscheidet zwischen Du-Botschaften und Ich-Botschaften. Botschaften, die der Kategorie „Kommunikationssperre" entstammen, beginnen alle mit Du:
„Du benimmst dich wie ein Baby." – „Du hörst jetzt damit auf!" Sie fällen ein Urteil über die Persönlichkeit des Kindes. Sie geben dem Kind

105

die Schuld. Gordon lehrt den Erziehenden, Ich-Botschaften zu senden, die weder Beschuldigung noch Beurteilung enthalten.
Beispiel:
Julia klettert auf den Schoß der Erzieherin, dreht sich ungestüm herum und rammt mit ihrem Ellenbogen die Nase der Erzieherin.
Du-Botschaft: „Mensch, Julia, Du benimmst dich wie ein wildes Tier!"
Ich-Botschaft: „Autsch! Du tust mir wirklich weh! Ich mag es nicht, wenn du so wild mit mir umgehst."
Diese Art der Mitteilung sagt dem Kind, wie ich empfinde, legt jedoch die Verantwortung über die Änderung seines Verhaltens in die Hände des Kindes. Ich-Botschaften zeigen, dass man dem Kind Verständnis zutraut: „Weil Ich-Botschaften aufrichtig sind, neigen sie dazu, das Kind zu beeinflussen, ähnliche Botschaften zu senden, wann immer es eine Empfindung hat" (Gordon 1985, 117). Eine Beziehung, in der jeder offen sagen kann, was er will, meint und denkt und eine entsprechende Antwort von seinem Gegenüber erhält, ist vertrauensvoll und tragfähig. Dies ist natürlich nur möglich, wenn das Kind als gleichberechtigter Partner akzeptiert wird und der Erzieher so mit ihm spricht, wie er das auch umgekehrt vom Kind erwartet.

Die niederlagslose Methode der Konfliktbewältigung

Selbst durch eine geeignete Ich-Botschaft wird man natürlich nicht immer eine Verhaltensänderung des Kindes bewirken. Unter Umständen ist das Bedürfnis des Kindes, an diesem Verhalten festzuhalten, so stark, dass es selbst durch das Bewusstsein, dass es den Erziehenden dadurch vor ein Problem stellt, nicht zu einer Verhaltensänderung bewegt wird. Eltern und Kinder befinden sich in einem Konflikt.
Gordon nennt drei Methoden zur Konfliktbewältigung. Die beiden geläufigen, üblichen und verbreiteten Methoden sind gekennzeichnet durch autoritären oder nachgiebigen Charakter. Gordon nennt diese Verfahren Methode I und II. In beiden Verfahren gibt es am Ende Gewinner und Verlierer. Der Konflikt gleicht dort einem Machtkampf.

Methode I

Wenn es zu einem Konflikt zwischen Erzieher und Kind kommt, entscheidet der Erzieher, wie die Lösung auszusehen hat. Wenn das Kind sich widersetzt, droht der Erwachsene seine Macht einzusetzen oder setzt sie auch tatsächlich ein, um das Kind zum Gehorsam zu zwingen. Der Erzieher siegt, das Kind verliert.

Methode II

Wenn es zu einem Konflikt zwischen Erzieher und Kind kommt, macht der Erziehende in der Regel einen Versuch, das Kind zu überreden, die Lösung des Erwachsenen zu akzeptieren. Wenn das Kind sich widersetzt, gibt der Erzieher auf oder nach und erlaubt dem Kind, nach seinem Willen zu verfahren. Das Kind siegt, der Erzieher verliert.
In beiden Fällen geht einer mit dem Gefühl aus dem Konflikt hervor, er sei besiegt. Gewöhnlich wird er deshalb auf den Sieger ärgerlich sein. In Methode III suchen Erziehender und Kind gemeinsam nach einer Lösung, die den Bedürfnissen beider gerecht wird. Daher der Name „niederlagslose Methode".

Methode III

Wenn es zu einem Konflikt zwischen Erzieher und Kind kommt, fordert der Erzieher das Kind auf, mit ihm gemeinsam nach irgendeiner Lösung zu suchen, die für beide akzeptabel ist. Beide können Lösungen vorschlagen, die dann bewertet werden. Schließlich entscheidet man, welches die beste Lösung ist. Dann überlegen sie, wie diese realisiert werden kann. Es ist kein Zwang und kein Machtgebrauch erforderlich. Keiner verliert, keiner siegt.

Die sechs Schritte der niederlagslosen Methode

Anders als Methode I und II, ist die niederlagslose Methode ein Problemlösungsprozess. Zu ihm gehören in der Regel sechs einzelne Schritte.

1. Schritt: Das Problem wird definiert
Das ist die entscheidende Phase, wenn der Erzieher will, dass das Kind mit einbezogen wird. Seine Aufmerksamkeit muss gewonnen werden, um sich dann seiner Bereitschaft zu versichern, am Problemlösen teilzunehmen.
Es muss klar und deutlich gesagt werden, dass es einen Konflikt gibt, der gelöst werden muss. Der Erwachsene sollte dem Kind unmissverständlich und so leidenschaftlich wie er fühlt, genau sagen, welche Empfindungen er hat, welches seiner Bedürfnisse nicht befriedigt wird oder was ihn beunruhigt. Dabei hält es Gordon nun für entscheidend, Ich-Botschaften zu senden und aktives Zuhören anzuwenden, um den Kern des Problems zu treffen. Selbstverständlich sind Botschaften zu vermeiden, die das Kind herabsetzen oder beschuldigen und es von vornherein blockieren lassen. Jetzt ist es wichtig, dass der Erziehende deutlich macht, dass es sein Wunsch ist, gemeinsam eine Lösung zu finden, mit der wir alle leben können, bei der keiner unterliegt und beider Bedürfnisse befriedigt werden.

2. Schritt: Mögliche Lösungen werden vorgeschlagen
Es sollten möglichst viele Lösungsvorschläge dabei herauskommen. Ratsam ist es, dem Kind Gelegenheit zu geben, eine oder mehrere Lösungen vorzuschlagen, ehe der Erzieher selbst irgendeine anbietet. Dabei sollten alle Ideen für eine Lösung akzeptiert werden. Äußerst wichtig ist, dass in dieser Phase keine der vorgeschlagenen Lösungen bewertet wird. Wertungen ersticken alle Kreativität und nehmen Kindern den Mut, ihre Gedanken zu äußern.

3. Schritt: Die möglichen Lösungen werden bewertet
Nun werden die vorgeschlagenen Lösungen kritisch bewertet. Im Allgemeinen werden die Lösungen durch Streichung derjenigen, die entweder für den Erziehenden oder die Kinder unannehmbar sind, auf eine oder zwei eingeengt.

4. Schritt: Sich für die beste Lösung entscheiden
Eine Entscheidung ergibt sich durch die vorangegangene Diskussion meist ganz von selbst. Es ist wichtig, sich nun noch einmal zu vergewis-

sern, dass jeder die Lösung als annehmbar empfindet und nun ernsthaft bemüht ist, sich an die Abmachung zu halten.

5. Schritt: Die Entscheidung wird verwirklicht
Nachdem eine Entscheidung getroffen worden ist, besteht oft die Notwendigkeit, die Einzelheiten der Ausführung auszumachen.

6. Schritt: Nachfolgende kritische Bewertung
Auch aus der niederlagslosen Methode hervorgegangene Entscheidungen stellen sich in der Praxis nicht immer als gut heraus. Deshalb sind Rücksprachen erforderlich, die klären sollen, ob die Entscheidung funktioniert und ob eine Änderung derselben notwendig ist.

13 Gesprächsführung

Das Gespräch ist ein wichtiges Mittel des gruppenpädagogischen Vorgehens. Bei den Formen des Gesprächs kann es sich um Aussprachen und Diskussionen handeln, wo es in erster Linie um die Klärung von Konflikten, Sachverhalten, Meinungen und Standpunkten geht. Andererseits stellen die Fallbesprechung während einer Teamsitzung oder ein Elterngespräch spezielle Gesprächsformen dar. Im Miteinander von Erzieherin, Kindern und Jugendlichen spielt die Art und Weise der Kommunikation eine bedeutsame Rolle, wobei das Gespräch zu einer Methode der erzieherischen Arbeit wird.
Die folgenden Fragen können helfen, ein Gruppengespräch vorzubereiten:

- Inhalte des geplanten Gesprächs: Was möchte ich den Gruppenmitgliedern inhaltlich sagen? Was sind meine Beobachtungen? Was präzise ist der Grund für das als notwendig angesehene Gespräch?
- Ziele des geplanten Gesprächs: Was soll mit dem Gespräch erreicht werden?
- Eigene Gefühle und Empfindungen: Welche Gedanken und Gefühle treten bei mir auf, wenn ich an das Gespräch denke? Wie erwarte ich, dass die Gruppenmitglieder auf das Gespräch reagieren?
- Einstieg in das Gespräch: Wie fange ich das Gespräch an?
- Rahmenbedingungen des Gesprächs: Welchen Rahmen kann ich schaffen, damit das Gespräch in einem günstigen Klima stattfindet? Was müssen eventuell für Vorbereitungen getroffen werden, um im Raum eine angenehme Atmosphäre herzustellen?

Von der Erzieherin hängt oft das Gelingen oder Misslingen eines Gesprächs ab, weshalb sie bestimmte Grundkenntnisse der Gesprächsführung beherrschen sollte.
Folgende Techniken des Gesprächsverhaltens können dabei hilfreich sein:

- Partnerzentrierte Gesprächsführung
- Offene Fragen
  Das sind Fragen, die keine Antwort vorwegnehmen und die keinen drängenden, „bohrenden" Charakter haben, wie z.B. „Wie kommen Sie zu dieser Meinung?" Offene Fragen ermuntern den Gesprächs-

partner, sich weiter zu äußern, seine Gedanken oder Gefühle auszudrücken.
- Positiv verstärkende Äußerungen
Äußerungen, die eine gewisse Aufmerksamkeit vermitteln, wie z. B. „Das ist ja interessant" oder „Erzählen Sie doch mal.", ermutigen und ermuntern den Gesprächspartner, weiter zu sprechen. Gesprächsbarrieren werden abgebaut, Unsicherheiten gemildert, vorsichtige Andeutungen aufgenommen.
- Nicht-sprachliches Verhalten
Hier handelt es sich z. B. um ein gelegentliches Nicken mit dem Kopf oder Äußerungen wie „mh, mh" bzw. konzentriertes Zuhören.
- Aktiv Zuhören
Hier wird versucht, Gefühle des Gesprächspartners „herauszuhören", die unterschwellig als Aggression, Verärgerung, Unsicherheit usw. einer sachlichen Einigung im Wege stehen können. Diese „herausgehörten" Gefühle sollten anschließend angesprochen werden.
- Beteiligtes Zuhören
Geben Sie ab und zu eine wiederholende Zusammenfassung der Ausführungen Ihrer Gesprächspartner. Sie zeigen damit, dass Sie interessiert und konzentriert zuhören und stellen Sie sicher, dass Sie nicht aneinander vorbeireden.
- Strukturierendes Zuhören
Zeigen Sie Ihrem Gesprächspartner Ihre Wertschätzung. Gehen Sie positiv auf seinen Beitrag ein und lenken Sie das Gespräch wieder auf das Thema („Das ist ein interessanter Gedanke, aber sollten wir nicht zuerst diesen Punkt...").

Für alle Gespräche gilt, dass sie von der Erzieherin neben Sachkompetenz bezüglich Kommunikation und Gesprächstechnik sehr viel Einfühlungsvermögen und Taktgefühl erfordern.

14 Die Diskussion in der Gruppe

Im heutigen Sprachgebrauch handelt es sich bei dem Begriff Diskussion um ein Streitgespräch, einen Meinungsaustausch oder eine Aussprache. Die Diskussion verlangt, wie das Gespräch, dass die Teilnehmer Verständnis füreinander aufbringen, sie ihre Gedanken präzise formulieren und sie ernsthaft Antwort auf eine Frage suchen. Was jedoch eine Diskussion vom Gespräch unterscheidet: Sie ist ein Streitgespräch, die Auseinandersetzung ist heftiger, ein Leiter führt die Diskussion, stellt anregende Fragen, nimmt aber möglichst nicht selbst Stellung. Aufgabe der Diskussion ist es, ein Thema im freien Wechselgespräch von allen Seiten durchzukämmen und das Für und Wider sachlich zu ergründen, die eigene Meinung zu äußern, zu Ansichten anderer Stellung zu nehmen, Unklarheiten zu beseitigen und zu neuen, wesentlichen Erkenntnissen zu gelangen. Soll die Diskussion reibungslos ablaufen, müssen einige wichtige Grundsätze beachtet werden.

Hinweise für Diskussionsteilnehmer

(1) Wenn Sie jemand unterbricht, weisen Sie ihn darauf hin, dass Sie erst ausreden möchten.

(2) Schreiben Sie Punkte, die Ihnen wichtig erscheinen mit, um später nochmals auf sie eingehen zu können, wenn ein direktes Eingehen nicht möglich ist.

(3) Wenn Sie das Thema der Diskussion schon vor Beginn wissen, dann überlegen Sie sich vorher Argumente.

(4) Überlegen Sie erst, bevor Sie auf ein Argument, von dem Sie sich sehr angegriffen fühlen, eingehen.

(5) Auf eine gestellte Frage, auf die Sie keine Antwort wissen, zu sagen „Ich kenne die Antwort nicht", ist besser, als um den „heißen Brei" herumzureden, nur um etwas gesagt zu haben.

(6) Zuhören können ist für eine Diskussion von entscheidender Bedeutung, da sonst die Gefahr besteht, dass aneinander vorbeigeredet wird.

(7) Versuchen Sie möglichst frei zu reden. Als Grundlage können Stichworte auf einem Zettel dienen, die man sich vor der Diskussion oder während der Diskussion gemacht hat.

Regeln für die Diskussionsleitung

(1) Der Diskussionsleiter nennt das Thema; er spricht einige einleitende Worte dazu.

(2) Der Diskussionsleiter eröffnet die Diskussion.

(3) Er ruft die Diskussionsteilnehmer in der Folge der Wortmeldungen auf (Rednerliste).

(4) Er achtet darauf, dass sich jeder neue Beitrag auf den Gedanken des Vorredners (oder die Gedanken der Vorredner) bezieht.

(5) Er achtet ebenso darauf, dass jedes Teilproblem möglichst weit zu Ende diskutiert wird, ehe eine neue Frage angeschnitten wird.

(6) Er versucht zu erreichen, dass möglichst alle Teilnehmer aktiv werden.

(7) Der Diskussionsleiter stellt Fragen an die Teilnehmer. Damit kann er bezwecken:
- die Eröffnung der Diskussion
- die Diskussion in Fluss zu halten
- das Verständnis von Diskussionsbeiträgen sicherzustellen
- den Fortgang der Diskussion zu beeinflussen.

Eine gute und weiterführende Frage
- wird von allen Teilnehmern verstanden
- betrifft nur einen Punkt des Themas
- verfolgt ein bestimmtes Ziel
- verlangt eine ziemlich bestimmte Antwort
- verhindert Raten und Unklarheiten.

Fragen werden grundsätzlich an die ganze Gruppe gestellt. Fragen an Einzelne sind zulässig, wenn es sich um informatorische Fragen handelt oder wenn alle Teilnehmer Meinungen und Erfahrungen zu einem bestimmten Punkt äußern sollen.

(8) Worterteilung

Sie erfolgt ausschließlich durch den Diskussionsleiter. Bei den einzelnen Diskussionsbeiträgen sollte der Diskussionsleiter aufmerksam zuhören und auf folgende Gesichtspunkte achten:

- Gehört das Gesagte zu der gerade jetzt zur Debatte stehenden Frage?
- Wie könnte der Beitrag die Diskussion weiterbringen?
- Wie reagieren die anderen Teilnehmer auf das Gesagte?
- Muss man auf jeden Fall eine gegenteilige Auffassung hören, diese gegebenenfalls provozieren?
- Steckt in dem Gesagten ein persönlicher Angriff?
- Wie wird sich nach diesem Beitrag die Diskussion weiterentwickeln?
- Ist es notwendig, nach diesem Beitrag eine Zwischenzusammenfassung zu geben?
- Die Diskussionsteilnehmer sollten möglichst immer mit ihrem Namen angesprochen werden.
- Den Wortmeldenden sollte der Diskussionsleiter zu erkennen geben, dass er von ihrer Meldung Notiz genommen hat.
- Möglichst kein Zwiegespräch zwischen einzelnen Teilnehmern zulassen.
- Hat ein Diskussionsteilnehmer ausgesprochen, so enthält sich der Diskussionsleiter in jedem Falle eines Werturteils oder Kommentars.

(9) Der Diskussionsleiter muss darauf achten, dass er das Diskussionsergebnis am Ende zusammenfassen kann. Dazu ist es nützlich, ein Stichwortprotokoll zu führen. Die Zusammenfassung sollte zeigen, welche wesentlichen Punkte man gemeinsam erarbeitet hat, wo vielleicht noch unterschiedliche Auffassungen vorherrschen, welche praktische Folgerung aus der sich abzeichnenden Situation zu ziehen ist.

Diskussionen können auch ermüdende Nebenwirkungen haben. Um dies zu verhindern oder um überhaupt eine Diskussion zu beleben, sollen die drei folgenden Methoden vorgestellt werden.

BRAINSTORMING

Brainstorming bedeutet „Gedankenstürmen". Es ist eine Methode, die hilft, neue Ideen zu suchen, auch solche, die auf den ersten Blick nicht ernstzunehmen sind, die jemand sich „eigentlich gar nicht zu sagen traut", weil sie ungewöhnlich sind. Der Prozess der Ideensammlung soll also möglichst kreativ sein und eine gewisse „Betriebsblindheit" überwinden helfen.

Drei Phasen:

1. Ideen abfeuern
Die Teilnehmer nennen alle Ideen, die ihnen zu einem bestimmten Problem einfallen, auch wenn sie noch so „unrealistisch" sind. Es findet zunächst keinerlei Bewertung, keine Unterschlagung, keine Zensur statt. Der Diskussionsleiter hat die Aufgabe, die Gruppenmitglieder anzuregen, wirklich alles zu sagen und die immer vorhandene „innere Zensur" möglichst aufzulösen. Alle Ideen werden für alle sichtbar auf ein Poster/ eine Wandzeitung geschrieben.

2. Ideen ventilieren
Die gesammelten Ideen werden jetzt nach verschiedenen Kriterien überprüft:
- Welche können wir so nicht realisieren, aber vielleicht anders verwenden?
- Welche Ideen sind sich ähnlich?
- Können wir sie vielleicht sinnvoll kombinieren?
- Wie können wir Ideen so verändern, dass sie für uns etwas hergeben?
- Welche können wir austauschen, umkehren, ergänzen, zusammenfassen...?

3. Einteilen/Bewerten
Nach dem beschriebenen Diskussionsprozess beginnt jetzt die Phase der Bewertung und Entscheidung:
- Welche Ideen sind für uns jetzt sofort anwendbar?
- Welche sollten wir jetzt nicht weiterverfolgen, aber auch nicht vergessen, weil sie uns später vielleicht weiter helfen?
- Welche müssen wir neu durchdenken?
- Welche sind für uns unbrauchbar?

KARTENABFRAGE
VARIANTE DER METHODE „6-3-5"

Diese Methode eignet sich besonders, wenn es darum geht, in einer Gruppe kreative Problemlösungsprozesse in Gang zu setzen oder Ideen zu finden. Das Ziel ist die möglichst hohe Beteiligung aller Gruppenmitglieder.

Struktur der Methode:
1. Jeder Teilnehmer schreibt eine Idee/Lösungsmöglichkeit auf eine (DIN-A-5) Karte.

2. Jeder gibt seine Karte dem linken Nachbarn weiter und bekommt die Karte des rechten Nachbarn. Angeregt durch die Idee des Nachbarn im Kreis schreibt er eine zusätzliche eigene Idee auf eine zweite Karte.

3. Die Teilnehmer heften ihre Karten an eine Pinnwand und erläutern dabei sehr knapp ihre Idee.

4. Alle helfen mit, die Karten zu ordnen, Oberbegriffe/Kategorien zu formulieren, nach denen die Karten zugeordnet werden können.

5. Jetzt werden die Ideen diskutiert, Kombinationen/Modifikationen durchgesprochen, neue Ideen festgehalten. Wenn z. B. Ideen anders zugeordnet, kombiniert werden sollen, dann werden die entsprechenden Karten an der Wand auch umgehängt. Die Gruppe sieht, welche Strukturen entstehen und wieder verändert werden.

6. Nach diesem Prozess entscheidet sich die Gruppe für einen Lösungsweg, den sie zunächst einschlagen will.

Regeln für die Kartenabfrage:
1. Groß und deutlich schreiben
2. Nur eine Aussage pro Karte
3. Nur Stichworte (allenfalls Halbsätze)
4. Maximal drei Zeilen pro Karte
5. Andere Stift- als Kartenfarbe

Nominalgruppentechnik

Diese Technik ist geeignet, Schwerpunkte zu setzen, ohne eine Abstimmung in der Gruppe durchführen zu müssen. Wenn mehrere Themen, Probleme, Tagesordnungspunkte anstehen, kann die Gruppe ihre eigenen Schwerpunkte setzen, eine Rangfolge aufstellen. Die Entscheidung, was zuerst behandelt wird, ist dann die Entscheidung der Gruppe, nicht die des Moderators.

Vorgehensweise:
Auf ein großes Poster (Flip-chard, Wandzeitung...) werden links untereinander die verschiedenen Themen (oder Probleme, oder Tagesordnungspunkte) aufgeschrieben.
Jedes Gruppenmitglied vergibt Punkte und schreibt selbst Striche oder klebt selbst Punkte hinter die Nennungen auf der linken Seite, die es vorrangig behandeln will.

Faustregel:
Jedes Gruppenmitglied vergibt ein Drittel (Punkte), gemessen an der Anzahl der Nennungen: Wenn z. B. links untereinander neuen Themen stehen, dann darf jedes Gruppenmitglied drei Punkte vergeben.

Aufgabe: Diskussionsübung

Stellen Sie sich vor, Sie wären alle Mitglieder im Parlament Ihrer Kommune und befänden sich vor einer Sitzung. Wie in jedem Parlament gibt es auch bei Ihnen Fraktionen unterschiedlicher Ansichten. Es gibt eine sozialistische, eine stark konservative und eine liberale Partei (bitte geben Sie sich entsprechende Namen, jedoch ohne Bezug auf die in den Parlamenten der BRD vertretenen Parteien).
In der Sitzung selbst soll folgendes Problem angegangen, behandelt und *beschlossen* werden:
Die Pfarrgemeinde St. Augustinus besitzt ein Pfarrjugendheim. Die Pfarrgemeinde bezieht öffentliche Mittel für dieses Pfarrjugendheim. Im Ort selbst besteht seit Jahren ein starker BDKJ, der ohne weiteres die Räume des Pfarrheimes benutzen konnte, dadurch war

die Notwendigkeit eines weiteren Jugendheimes nicht gegeben. Seit kurzem nun besteht eine sozialistische Jugendgruppe. Sie beantragt für ihre Gruppensitzungen und kleinen Veranstaltungen beim Pfarrer von St. Augustinus aus dem Mangel an Räumlichkeiten heraus das Pfarrjugendheim zu benutzen. Räume wären zwar vorhanden, jedoch lehnt der Pfarrer mit Hinweis auf die völlig unterschiedlichen Zielsetzungen der beiden Jugendverbände höflich aber bestimmt ab. Um das Problem in die Öffentlichkeit zu tragen, besetzt nun die sozialistische Jugend das Pfarrjugendheim. Der Pfarrer macht von seinem Hausrecht Gebrauch und setzt die Jugendlichen mit Hilfe der Polizei vor die Tür. Die Diskussion im Ort ist da, das Problem kommt in den Stadtrat.
Folgende Richtungen zeichnen sich ab.

Sozialistische Partei:
Ist für Pluralität in den Jugendverbänden. Fordert auch für die sozialistische Jugend ein zweites Jugendheim, welches vom kommunalen Parlament subventioniert werden müsste. Hierzu würden sich eventuell Räume der leerstehenden Grundschule eignen.

Liberale Partei:
Lehnt aus Kostengründen zweites Jugendheim ab. Besteht jedoch darauf, dass der sozialistischen Jugend ein Raum im Pfarrhaus zur Verfügung gestellt werden muss, da die Kommune das Pfarrjugendheim ja auch finanziell unterstützt.

Konservative Partei:
Sieht die Unmöglichkeit der Situation, dass die sozialistische Jugend in einem Katholischen Jugendheim arbeitet. Lehnt jedoch auch auf Grund der angespannten Haushaltslage den Bau und die Unterhaltung eines kommunalen Jugendheimes ab. Kann jedoch vorab keine konkreten Alternativen anbieten. Höchstens den Saal der Kneipe „Bei ons isset schöön".
Bitte entwickeln Sie in den Fraktionssitzungen konkrete Strategien Ihrer Partei. Durchdenken Sie Alternativen, bedenken sie jedoch, dass sie Unverrückbares nicht aufgeben können.

Organisatorische Hinweise:

- Besprechen Sie in den Fraktionen Ihre Taktik.
- Legen Sie die Reihenfolge Ihrer Redner fest.
- Setzen Sie verschiedene Schwerpunkte in den einzelnen Reden.
- Unterstützen Sie Ihre Redner durch Beifall, Zurufe und ähnliches.
- Greifen Sie Ihre Gegner nur in der Sache an.

15 Gruppenarbeit

In der Erziehung ist mit „Gruppenarbeit" die Arbeit in kleinen Gruppen gemeint, in denen mit Unterstützung einer Erzieherin die Gruppenmitglieder zusammenwirken, um ein Ziel zu erreichen oder eine Aufgabe zu bewältigen. Gruppenarbeit ist Gemeinschaftsarbeit, wo der Einzelne im Dienste der Gruppe steht. Dies verlangt die Kooperation aller Gruppenmitglieder. Die Fähigkeit und Bereitschaft zu gemeinsamem Handeln trägt dazu bei, dass die Gruppenmitglieder mit unterschiedlichen Fähigkeiten und Einstellungen sich an einem gemeinsamen Ziel orientieren, das sie durch Koordination ihrer Kräfte und durch wechselseitige Hilfestellung verwirklichen wollen. Gruppenarbeit in diesem Sinne kann Kindern und Jugendlichen eine Fülle von sozialen Erfahrungen ermöglichen:

- Einschätzen lernen eigener und fremder Bedürfnisse
- Selbständigkeit
- Zuhören lernen
- Bewusstes Wahrnehmen und Einschätzen eigener und fremder Standpunkte, Rollen und Positionen
- Förderung der Kritikfähigkeit
- Entwicklung von Toleranz
- Erwerb der Fähigkeit zur Eigeninitiative
- Ausbildung sozialer Tugenden wie Solidarität und Hilfsbereitschaft
- Übernahme von Verantwortung
- Stärkung der Kommunikationsfähigkeit

Außerdem lernen die Gruppenmitglieder die Vorteile der Arbeitsteilung kennen und stellen fest, dass eine größere Aufgabe in kürzerer Zeit bewältigt werden kann. Um die aufgezeigten Ziele zu erreichen, muss die Erzieherin bei der Gruppenarbeit lenkend und systematisch planend vorgehen. Die Motivation, Arbeitshaltung und das soziale Klima in der Gruppe werden stark durch die Vorbildwirkung des Leiters bestimmt. Wenn die sozialerzieherische Bedeutung der Gruppenarbeit zum Tragen kommt, kann diese Methode auch als Gegenstück zu Konkurrenz und Wettbewerb in der Gesellschaft (z. B. Schule) wirken. Bevor Gruppenarbeit methodisch eingesetzt wird, sollten bestimmte Vorüberlegungen erfolgen, die sich auf folgende Bereiche beziehen:

- Zusammensetzung der Gruppe, Alter und Entwicklungsstand, Größe der Gruppe, Gruppenfähigkeit, Rollenverteilung, Lebenssituation
- Schwerpunktmäßige Interessen, Neigungen, Begabungen und Fähigkeiten
- Zielsetzung der Gruppenarbeit
- Art des Vorhabens und dessen Schwierigkeitsgrad
- Räumliche Möglichkeiten, Ausstattung, Material
- Zeitpunkt und Dauer
- Eigene Vorbereitung

Als Formen der Gruppenarbeit können genannt werden:

- Untergruppenaktivierende Methode
  Hier teilt man die Gesamtgruppe in Untergruppen auf. Je kleiner die Untergruppe, um so eher kann der Einzelne zu Wort kommen, um so mehr kann er sich aktivieren, um so weniger braucht er sich zurückzuziehen. Bei dieser Vorgehensweise geht es darum, den Gesamtblock der Gruppe aufzulösen, das Geschehen in der Gruppe themabezogen aufzuteilen. Hierbei kann gewählt werden zwischen folgenden Formen:
  - Geschlossene Form
    Die Mitglieder einer Gruppe erarbeiten gemeinsam eine Aufgabe, z. B. einen Bericht.
  - Aufgelöste Form
    - Arbeitsgleich oder konkurrierend: Einzelne Untergruppen oder die einzelnen Mitglieder einer Gruppe bearbeiten das gleiche Gebiet.
    - Arbeitsteilig: Die anfallende Arbeit wird nach einem bestimmten Plan zerlegt und auf die Mitglieder der Gruppe entsprechend ihren Fähigkeiten und Kenntnissen verteilt. Die Ergebnisse der Teilarbeiten werden zu einem Gesamtergebnis zusammengetragen.

- Prozessorientierte Methode
  Bei dieser Methode werden die Gruppenmitglieder von der Leiterin bewusst dazu gebracht, sich selbst und die eigene Situation ein Stück weit in die Auseinandersetzung miteinzubringen. Durch die persön-

liche Konfrontation mit einem Thema findet einerseits eine Sachauseinandersetzung, andererseits auch eine Auseinandersetzung mit dem Gruppenprozess statt. Die Projektmethode kann hier als Arbeitsform für eine Gruppe vorteilhaft sein, weil das Projekt kein fertiges Programm, sondern vielmehr ein methodisch ausgerichteter, dynamischer Arbeitsprozess ist, der sich ständig auf neue Situationen einstellen muss.

Die Kennzeichen eines Projektes sind:
- Von den Gruppenmitgliedern werden die Themen und Inhalte selbst gewählt und organisiert, wobei die Hilfestellung der Erzieherin möglich oder notwendig ist.
- Die Inhalte/Themen orientieren sich an den Interessen, Bedürfnissen und Erwartungen der Kinder bzw. Jugendlichen.
- Die Inhalte orientieren sich stark an der Lebenssituation der Gruppenmitglieder.
- Die Projektinhalte sind durch einen Bezug zur gesellschaftlichen Realität gekennzeichnet.
- Die Bearbeitung des Themas nimmt einen längeren Zeitraum in Anspruch (je nach Thema und Alter der Mitglieder unterschiedlich).
- Der Arbeitsprozess ist dadurch gekennzeichnet, dass die Beteiligten immer wieder offen für neue Erfahrungen, Erkenntnisse, Wege, Möglichkeiten usw. sind.

Für alle Formen der Gruppenarbeit gilt, dass nach dem alle Ergebnisse zusammengetragen wurden, eine Gesamtbetrachtung und eventuell eine Wertung der Lösungen erfolgt.

> Aufgabe
>
> Projektwoche: Sich selbst als Gruppe erleben bei kreativen Tätigkeiten Gestalten, Theaterspielen, Musizieren, Film drehen, etc.). In Gestalt einer gemeinsamen Projektzeitung, eines Videofilms, einer Ausstellung oder einer Präsentation sollten die „Spuren" (Ereignisse, Ergebnisse) festgehalten werden. Die subjektiven Erfahrungen sollten in der Gruppe reflektiert werden.

16 Pädagogische Gruppenkonzepte

16.1 ERWEITERTE ALTERSMISCHUNG IM KINDERHAUS

Das Kinderhaus ist ein relativ neues pädagogisches Konzept, das sich in Deutschland noch in der Entwicklungs- und Aufbauphase befindet. Unter diesem Begriff wird die Integration von Kinderkrippe, Kindergarten, Schülerhort und Kindertagesstätte/Kindertagheim in einer Institution verstanden. Nach üblichem Muster bestehen diese sozialpädagogischen Einrichtungen noch überwiegend völlig getrennt voneinander, obwohl sich häufig alle oder mehrere unter einem Dach befinden. Das Kinderhaus fasst Kinder vom Säuglingsalter bis zu ca. zwölf Jahren in familienähnlichen Gruppen zusammen. Die Gruppenforschung zeigt, dass eine Gruppe um so größere Dynamik entwickelt, je heterogener die Ausgangslage ihrer Mitglieder ist und solange eine gegenseitige Kommunikation noch möglich ist. Die Kinder im Kinderhaus ergänzen sich aufgrund der Altersmischung und bedingt durch Schicht- und Milieuunterschiede viel eher in ihren Fähigkeiten und Kenntnissen. Es ist auch zu vermuten, dass zwar nicht unbedingt weniger Reibereien entstehen, dass sie aber weniger durch Konkurrenz, Wettbewerb, Rivalität und gegenseitige Eifersucht bestimmt und zu einem Konflikt getrieben werden. Durch ihre spezielle Gruppenzusammensetzung wird der Gruppenprozess dynamischer in Hinblick auf gegenseitiges Geben und Nehmen, Hinwendung zum anderen, Übernahme wechselnder Rollen und Stärkung des Wir-Gefühls durch gemeinschaftliche Erfahrungen und Erlebnisse. Die veränderte Gruppenstruktur bietet zudem die Chance, einer möglichen Stigmatisierung einzelner Kinder bzw. verschiedener Schichten entgegenzuwirken und Vorurteile abzubauen. In solchen Gruppen haben alle Kinder aufgrund des Altersunterschiedes mehr und vielfältigere Möglichkeiten für soziale Kontakte und Erfahrungen. Bestimmte Ziele werden durch die Gruppenstruktur notwendigerweise einsichtig und besser erreicht, wie z. B. Rücksichtnahme, Toleranz, gegenseitiges Helfen usw. Es liegt auf der Hand, dass speziell die jüngeren Kinder in allen Bereichen von den älteren lernen und abschauen können. Das Modell-Lernen der Kinder untereinander bildet ein Hauptmoment der kindgemäßen Förderung in der altersgemischten Gruppe. Die Kinder der mittleren Altersgruppe haben die Möglichkeit, sich nach beiden Richtungen zu orientieren – je nach Entwicklungsstand und Interesse mehr zu den jüngeren oder zu den älteren Kindern. Durch die Erweiterung der Gruppenmischung mit Schulkindern erhält die Kindergruppe die Möglichkeit, noch stärker die Beziehungen der Kinder untereinander „erwachsenenfrei" zu gestalten: „Die vielfältigen Fähigkeiten der Schulkinder im motorischen, kognitiven und sozialen Bereich entzerren das Gruppenleben von einer starren Fixierung auf die Erzieherinnen. Diese können sich mehr und mehr aus dem Mittelpunkt des Alltags zurückziehen und sich einzelnen Kindern und der Strukturierung des Gruppenrahmens widmen. Sie erhalten damit den Kindern ihre Räume, ohne selbst immer Schlüsselfigur in deren Handlungsprozessen zu sein" (Schäfer 1996, 35). Für Erzieherinnen und Eltern und nicht zuletzt für das Kind kann es besonders hilfreich sein, wenn Kinderkrippe, Kindergarten, Kindertagesstätte und Schülerhort in eine Gruppe integriert sind, denn für das Kind ist z.B. mit dem Wechsel vom Kindergarten zur Schule nicht gleichzeitig auch ein Wechsel in eine andere sozialpädagogische Institution verbunden. Die lange Verweildauer der Kinder bietet allen Beteiligten die Möglichkeit, intensive Beziehungen zueinander aufzubauen: „Die engen Beziehungen der Kinder tragen unzweifelhaft zu einer intensiveren Wahrnehmung der einzelnen Kinder mit ihren Eigenarten, ihren Stärken und Schwächen bei. Das über viele Jahre gemeinsame Leben in der Gruppe führt auch zwischen Kindern und Erzieherinnen zu einer vertrauensvollen Bindung. Erzieherinnen lernen die Kinder in den unterschiedlichsten Entwicklungsstadien kennen, was sie zu einem tieferen Verständnis der Bedürfnisse der Kinder bewegt. Das hilft ihnen, ihr Verhältnis zu den Kindern in stärkerem Maße zu individualisieren" (Schäfer 1996, 33).

16.2 INTEGRATIVE ERZIEHUNG

Integrative Erziehung bedeutet die gemeinsame Erziehung und Förderung von behinderten und nichtbehinderten Kindern in einer Gruppe. Besonders im Kindergarten haben sich integrative Gruppen verbreitet, wo im Idealfall mindestens zwei Fachkräfte eine altersgemischte Gruppe, die im Durchschnitt aus 15 Kindern besteht, betreuen. Davon sind drei bis fünf Kinder behindert: „Grundprinzip integrativer Pädagogik ist der Verzicht auf eine Selektion von Kindern und Jugendlichen mit ungleichen Voraussetzungen und Fähigkeiten, im Gegensatz zur traditionellen Pädagogik, insbesondere im schulischen Bereich. Ihr Ziel ist es, die getrennten Lern- und Lebenswelten aufzuheben und den Behinderten eine chancengleiche Teilhabe an den gesellschaftlichen Abläufen in ihrem sozialen Umfeld zu ermöglichen" (Colberg-Schrader/Krug/Pelzer 1991, 178). Die Zahl integrativer Gruppen im Elementarbereich beläuft sich in Deutschland auf über 300. Die Idee der Integration in Kindergärten aber auch in integrativen Klassen an Schulen befindet sich häufig noch in einem Experimentierstadium (Modellversuche), aber dieses Thema ist sowohl für Kindergarten als auch Schule aktuell. Ziel einer integrativen Pädagogik ist es, dass Kinder mit unterschiedlichen Voraussetzungen gemeinsam lernen, wobei nicht die Beeinträchtigungen von Menschen im Mittelpunkt stehen, sondern die vorhandenen Kompetenzen: „Alle Kinder erfahren, dass jeder Mensch in bestimmten Lebenssituationen unterschiedliche Hilfsangebote braucht, und dass alle in der Lage sind, Hilfen zu geben" (Wehrmann 1995, 18 f).

16.3 INTERKULTURELLE ERZIEHUNG

Interkulturelle Erziehung „ist die Erziehung zur internationalen Verständigung vor der eigenen Haustür" (Zimmer 1993, 29), wobei sich interkulturelles Lernen an interkulturell geprägten Lebenssituationen orientiert. Als Inhalte und Ziele interkultureller Pädagogik nennt Friesenhahn (1988, 140 f.):

- Friedenserziehung, die sich nicht an Harmonisierungs-, sondern an Konfliktlösungskonzepten ausrichtet;
- ein offenes Konzept, d.h. es registriert gesellschaftliche Veränderungsprozesse und versucht dabei selbst Innovationen einzuführen;
- Koordination des Unterrichts von Muttersprache und Zweitsprache;
- verstärkte Gemeinwesen- und Stadtteilorientierung;
- gegenseitige Unterstützung unterschiedlicher pädagogischer Institutionen bzw. Arbeitsfelder und anderen gesellschaftlichen Gruppen;
- Beitrag zur internationalen Verständigung.

16.4 Koedukative Erziehung

Koedukation bezieht sich auf die gemeinsame Erziehung und Unterrichtung von Jungen und Mädchen. Um alle Begabungspotenziale voll auszunutzen, kann es jedoch durchaus sinnvoll sein, das Prinzip der Koedukation besonders an der Schule zeitweise und in bestimmten Fächern flexibel anzuwenden (z. B. Mädchen-Arbeitsgemeinschaften in den Fächern Chemie, Physik und Informatik. dass Mädchen sich in typischen Jungenfächern oft wenig zutrauen, darf angesichts ihrer Erfahrungen und Erwartungen (geschlechtliche Sozialisation) nicht verwundern. Im Blick auf die Einflussgröße „Geschlecht" in der Erziehung wird deutlich, dass das Verhältnis von Gleichheit und Differenz als Thema der Pädagogik verstärkt thematisiert wird.

16.5 Kollektiverziehung im Kibbuz

Die bereits aufgezeigten Konzeptionen haben in der Bundesrepublik mehr oder weniger Anklang gefunden und gelten für unsere Vorstellung von Gruppenerziehung als weitgehend erstrebenswert. Davon abweichend bestehen aber auch ganz andere pädagogische Konzepte von Gemeinschaftserziehung. So entwarf und praktizierte Makarenko (1888-1939) während der 1920er und 1930er Jahre in der kommunistischen Sowjetunion seine Konzeption einer Kollektiverziehung, die im Einklang mit dem damaligen Gesellschaftssystem stand. Während diese Erziehungskonzeption heute als ein klassisches Beispiel einer Kollektiverziehung gilt und zu einem Bestandteil der Geschichte der Pädagogik wurde, ist daneben der israelische Kibbuz bis in die Gegenwart ein noch bestehendes Modell kollektiver Erziehung geblieben. Sei 1904 der erste Kibbuz in Palästina gegründet wurde, versuchten die Siedler ihre Aufgaben kollektiv zu bewältigen. Die Mitglieder des Kibbuz stellen ihre Arbeitskraft der Gemeinschaft zur Verfügung. Gemeinsame Mahlzeiten, kollektive Kindererziehung, den Gemeinschaftsgedanken stark betonende kulturelle Veranstaltungen sind Ausdruck der Kibbuzideologie. Der Kibbuz ist eine moderne industrialisierte bzw. landwirtschaftliche Kommune, die sich durch die Beseitigung von privatem Besitz, durch ein hohes Maß an gemeinschaftlichem Leben und durch soziale Werte, wie z. B. Kooperation und Solidarität, auszeichnet. Das Kollektiv wird hier als eine Gruppe verstanden, deren Mitglieder durch gemeinsame Arbeit und gemeinsame Organisation dieser Arbeit verbunden sind, wobei die grundsätzliche Gleichheit und Gleichberechtigung aller Mitglieder die Organisation der Arbeit und die Verteilung der Rechte und Pflichten bestimmt. Leitlinie im Kibbuz ist die Einheit von Leben, Arbeiten und Erziehen, wobei besonders die spezielle Form der Vergesellschaftung von Erziehung, die die Kinder früh in das Kollektiv einbindet, für uns ungewohnt ist. Die eigenständige Form der Kollektiverziehung im Kibbuz lässt sich durch folgende Merkmale und Ziele kennzeichnen:

- Vergesellschaftung der Erziehung durch Übertragung der Erziehungsfunktionen von der Familie auf gesellschaftliche Institutionen
- relativ frühe Trennung von Mutter und Kind;
- Unterbringung der Kinder in gemeinschaftlichen Erziehungseinrichtungen mit ausgebildetem Erziehungspersonal;
- systematische Ausnützung der Altersgruppe als Sozialisations- und Erziehungsfaktor;
- Synthese von praktischer, Arbeit, Unterricht und Erziehung (polytechnische Bildung);
- größere Selbständigkeit und Bedürfnisbefriedigung;
- Durch gleiche Sozialisationsbedingungen soll eine größere Chancengleichheit erreicht werden.

Die Kinder leben schon wenige Tage nach der Geburt in Kinderhäusern. Dort werden sie von berufsmäßig dafür ausgebildeten Erzieherinnen (die hebräische Bezeichnung für Erzieherin lautet Metapelet/Plural: Metplot) betreut. Im Kibbuz gibt es fünf verschiedene Erziehungsinstitutionen, zu denen die Kinder nach ihrem Alter zugeteilt werden:

1. Das Säuglingshaus
Das neugeborene Kibbuz-Kind wird bald nach der Geburt in eine kleine Gruppe von etwa vier bis sechs etwa gleichaltrigen Kindern gebracht. Der Säugling verbringt den größten Teil seiner Wachzeit mit der Mutter und anderen Familienmitgliedern, allerdings im Rahmen des Säuglingshauses. Die Metapelet ist für die Beaufsichtigung verantwortlich, sie hält engeren Kontakt zu den Eltern und kümmert sich um kranke Kinder.

2. Das Kleinkinderhaus
Gegen Ende des ersten Lebensjahres wechselt das Kind in das Kleinkinderhaus, wo es bis zum Ende des dritten Lebensjahres bleibt. Das Kind verbringt die meiste Zeit des Tages und die Nacht im Kinderhaus. Wenn die Eltern am Nachmittag von der Arbeit zurückkommen, nehmen sie die Kinder mit in ihre Räume und verbringen dort die täglichen „Familienstunden". Daneben sind Besuche von Eltern und Geschwistern im Kinderhaus und Besuche der Kindergruppe am Arbeitsplatz der Eltern durchaus üblich.

3. Das Kindergartenhaus
Mit dem vierten Lebensjahr wechseln die Kinder in den Kindergarten, den sie bis zum sechsten Lebensjahr besuchen. Während dieser Jahre verbringt das Kind zwei bis drei Stunden täglich, samstags und in den Ferien mit der Familie. Die Metapelet gibt den Eltern von Zeit zu Zeit genaue Berichte über die Entwicklung der Kinder und berät die Eltern in Erziehungsfragen.

4. Das Kinderhaus mit Elementarschule
Im Alter von 7 bis 12 Jahren werden die Kinder in Klassen von ca. 20 Kindern zusammengefasst. Jede Klasse wohnt in einem separaten Haus, hat ihre eigenen Erzieher und eine Hausmutter. Ein Hauptgesichtspunkt kollektiver Kibbuz-Erziehung ist das Einbeziehen handwerklicher Arbeit. Jedes Kind ist verpflichtet, seinen Teil täglicher Arbeit zu absolvieren. Die Kinder helfen ihre Räume sauberzuhalten und das Essen zu servieren. Sie beginnen ebenfalls in Bereichen der Farm oder auf der speziellen Kinderfarm (kleine Weideflächen, Obstbäume usw.) zu arbeiten. In den unteren Klassen nimmt diese Arbeit nicht mehr als eine halbe oder eine Stunde täglich in Anspruch.

5. Das Jugendhaus mit Oberschule
Ab dem 13. Lebensjahr beginnt die Gemeinschaft der Jugendlichen. Auch im Haus der Jugendlichen leben Jungen und Mädchen gemeinsam zusammen. Gewöhnlich beträgt der Schultag in der Oberschule sechs Stunden. In den oberen Klassen ist der Lehrstoff spezialisiert und in drei Bereiche aufgeteilt:

- Landwirtschaft und Biologie
- Physik und Mathematik
- Literatur und Sozialwissenschaften

Lernen und Arbeiten sind hier immer miteinander verbunden. Im Alter zwischen 16 und 18 Jahren haben die Jugendlichen eine tägliche Arbeitsnorm von drei Stunden. Die Oberschule besitzt oft eine eigene Farm mit einer Hühnerzucht, ein oder zwei Pferden, einigen Kühen, einem Gemüsegarten, einem Getreidefeld, Obstgärten usw. Die homogene Altersgruppe ist der Grundpfeiler der Kollektiverziehung. Die Gruppe besteht vom frühen Kindesalter an als kleine Einheit, die von einer Erzieherin solange wie möglich begleitet wird, um so eine emotionale Bindung zu ihr aufbauen zu können. Die Aufgabe der Erzieherin in dieser Gruppe besteht darin, die besonderen Bedürfnisse der Kinder zu befriedigen und ihnen eine ungestörte Entwicklung zu bieten. Die Gruppe lebt viele Jahre eng zusammen und findet so eine emotionale Bindung zueinander. Die Gruppe wird durch einen Namen eines Tieres, einer Pflanze oder eines Baumes bezeichnet. Es kann jedoch auch eine Tätigkeit sein, nach der die Gruppe benannt wird. Diesen Namen behält die Gruppe immer bei. Für jede einzelne Gruppe ist der Übergang zu einem anderen Status ein festlicher Anlass, der zeremoniell gefeiert wird. Die Gruppen sind nach Geschlecht nicht getrennt, sie leben zusammen in einem Gebäude, schlafen jedoch in getrennten Zimmern.

Als allgemeine Erkenntnisse über diese Form der Kollektiverziehung lassen sich in Anlehnung an Liegle (1973, 131f.) folgende Punkte anführen:

- Die Kibbuz-Erziehung zeigt, dass Kooperation erlernbar ist und durch spezielle Bedingungen in organisierten Kindergruppen gefördert werden kann.
- Der öffentliche Charakter dieser Erziehungskonzeption kann als Grundlage einer pädagogisch-psychologischen Chancengleichheit aufgefasst werden. Diese Form einer Gemeinschaftserziehung kann dazu beitragen, dass allen Kindern – besonders jenen, die innerhalb der Familie mit emotionalen Defiziten und Konflikten konfrontiert

sind – die Entwicklung von Fähigkeiten und die Persönlichkeitsentwicklung erleichtert wird.
Außerdem eignet sich der Kibbuz besonders als Medium der Milieutherapie für verwahrloste, sozial und emotional gestörte und zum Teil deliquente Jugendliche, die nicht im Kibbuz geboren sind (vgl. Kohen-Raz 1977).

Literatur

Artons, K.: Gruppenprozesse verstehen, Opladen 2001
Artons, K.: Praxis der Gruppendynamik, Göttingen 2000
Backmann, C./Secord, P.: Sozialpsychologie der Schule, Weinheim 1972
Becker-Textor, I./Textor, M.: Der offene Kindergarten - Vielfalt der Formen, Freiburg 1998
Berner, W.: Jugendgruppen organisieren, Reinbek 1983
Bernstein, S./Lowy, L.: Untersuchungen zur sozialen Gruppenarbeit, Freiburg 1982
Blank-Mathieu, M./Gebhardt, W./Kocs, U./Metzinger, A./ Rümmele, A./ v.Stockert-Haus, D./Weßbecher-Wenz, M.: Erziehungswissenschaft, Band II, Troisdorf 2006
Böhm, R.: Viele sind noch lange keine Gruppe, in: Kindergarten heute, 10, 30. Jg., 2000
Brocher, T.: Gruppenberatung und Gruppendynamik, Leonberg 1999
Bröcer, M.: Gesprächsführung in Kita und Kindergarten, Freiburg 2007
Cohn, R.: Von der Psychoanalyse zur themenzentrierten Interaktion, Stuttgart 2004
Colberg-Schrader, H./Krug, M./Pelzer, S.: Soziales Lernen im Kindergarten, München 1991
Frey, K.: Die Gruppe als der Mensch im Plural: Die Gruppenpädagogik Magda Kelbers, Frankfurt/M. 2003
Friesenhahn, G.J.: Zur Entwicklung interkultureller Pädagogik, Berlin 1988
Geldard, D./Geldard, K.: Helfende Gruppen, Eine Einführung in die Gruppenarbeit mit Kindern, Weinheim 2003
Gellert, M./Nowak, K.: Teamarbeit - Teamentwicklung - Teamberatung. Ein Praxisbuch für die Arbeit in und mit Teams, Meezen 2002
Gordon, T.: Familienkonferenz - Die Lösung von Konflikten zwischen Eltern und Kindern, Reinbek 1985
Hahn, M./Janssen, R.: Erziehungswissenschaft, Band I, Köln 1995
Haug-Schnabel, G./Bensel, J.: Kinder unter 3 - Bildung, Erziehung und Betreuung von Kleinstkindern, Freiburg 2006.
Hundertmarck, G.: Soziale Erziehung im Kindergarten, Stuttgart 1991
Jilesen, M.: Soziologie, Köln 2002

Kelber, M.: Zum Verständnis der Gruppenpädagogik, Wiesbaden 1971
Kirsten, R./Müller-Schwarz, J.: Gruppen-Training, Reinbek 1994
Klein, I.: Gruppenleiten ohne Angst. Ein Handbuch für Gruppenleiter, Donauwörth 2005
König, O.: Macht in Gruppen. Gruppendynamische Prozesse und Interventionen, Stuttgart 2007
König, O./Schattenhofer, K.: Einführung in die Gruppendynamik, Heidelberg 2008
Kohen-Raz, R.: Der Kibbuz als Medium der Milieutherapie, In: Neue Praxis 1/1977
Krenz, A.: Psychologie für Erzieherinnen und Erzieher, Berlin 2007
Langmaack, B./Braune-Krickau, M.: Wie die Gruppe laufen lernt, Weinheim 2000
Lewin, K.: Führungsstile in der Gruppe. In: Flitner, A./Scheuerl, H. (Hg.): Einführung in pädagogisches Sehen und Denken, Weinheim 2005
Liegle, L.: Vorschulerziehung als Kollektiverziehung, In: Höltershinken, D. (Hg.): Vorschulerziehung, Band II, Freiburg 1973
Malcher, J.: Gruppen - nicht ohne Dynamik, München 1977
Müller, C.W.: Gruppenpädagogik, Weinheim 1987
Nebel, G./Woltmann-Zingsheim, B.: Werkbuch für das Arbeiten mit Gruppen, Aachen 1997
Neuberger, O.: Führen und geführt werden, Stuttgart 1995
Nickel, H.: Erzieher und Erzieherverhalten im Vorschulbereich, München 1980
Sader, M.: Psychologie der Gruppe, Weinheim 2008
Schäfer, M.: Groß und klein unter einem Dach, Freiburg 1996
Schmidt-Grunert, M.: Soziale Arbeit mit Gruppen, Freiburg 2009
Schütz, K.: Gruppenforschung und Gruppenarbeit. Theoretische Grundlagen und Praxismodelle, Mainz 1989
Schwäbisch, L./Siems, M.: Anleitung zum sozialen Lernen für Paare, Gruppen und Erzieher, Reinbek 1988
Sikora, J.: Handbuch der Kreativmethoden, Bad Honnef 2001
Stahl, E.: Dynamik in Gruppen. Handbuch der Gruppenleitung, Weinheim 2007
Stöger, G.: Besser im Team. Stärken erkennen und nutzen, Weinheim 2006

v. Thun, F. S.: Miteinander reden, Band I, Band II und Band III, Reinbek 2006
Ulich, D.: Gruppendynamik in der Schulklasse, München 1974
Vernickel, S./Völkel, P.: Mittendrin sein und sich zurückziehen können. In: Kidergarten heute 3/2008
Vogelsberger, M.: Mit Eltern, Gruppen und Teams erfolgreich arbeiten, Weinheim 2006
Watzlawick, P. u.a.: Menschliche Kommunikation - Formen, Störungen, Paradoxen, Bern 2007
Wehrmann, L.: Integration ist Konfrontation, In: KIGA-MAGAZIN 2/1995
Weiß, C.: Pädagogische Soziologie, Bad Heilbrunn 1979

v. Thun, F. S.: Miteinander reden, Band I, Band II und Band III, Reinbek 2006

Ulich, D.: Gruppendynamik in der Schulklasse, München 1974

Viernickel, S./Völkel P.: Mittendrin sein und sich zurückziehen können. In: Kidergarten heute 3/2008

Vogelsberger, M.: Mit Eltern, Gruppen und Teams erfolgreich arbeiten, Weinheim 2006

Watzlawick, P. u.a.: Menschliche Kommunikation - Formen, Störungen, Paradoxen, Bern 2007

Wehrmann, L.: Integration ist Konfrontation, In: KIGA-MAGAZIN 2/1995

Weiß, C.: Pädagogische Soziologie, Bad Heilbrunn 1979

Der Autor

Dr. Adalbert Metzinger ist Lehrer an einer Fachschule für Sozialpädagogik; nebenberufliche Tätigkeiten in einer Jugendberatungsstelle, in einer Frauenvollzugsanstalt, Lehrauftrag an einer Fachhochschule.

Kreativ spielen mit Kindern, Jugendlichen und Erwachsenen

„... Dieser Werkzeugkasten ist eine wahre Reisetaschensammlung für ein fast schier unbegrenztes Spieleland. Hier mag man sogleich loslegen, entdeckt neue Spiele, andere Ausdrucksformen und holt früher gemachte (Spiel-) Erfahrungen zurück ins Bewusstsein."

Detlef Rüsch, Diplom-Sozialpädagoge und Systemischer Familientherapeut (05/2012)

Peter Thiesen
Werkzeugkasten kreatives Spiel
Interaktion, Darstellen und Gestalten in Schule, Jugend- und Erwachsenenbildung

2012, 240 Seiten, kartoniert
mit zahlreichen Abbildungen
€ 24,90
ISBN 978-3-7841-2057-7

www.lambertus.de

LAMBERTUS
SOZIAL | RECHT | CARITAS

Das Kartenspiel der Selbsterfahrung

- Das Kommunikationsspiel für 2 und mehr Personen ab 12 Jahren
- 120 Karten mit tiefsinnigen, aber auch humorvollen Fragen zu Selbstbild, persönlichen Wertvorstellungen, Zukunftswünschen, Freundschaft und Liebe

Das Spiel eignet sich für spannende Gesprächsrunden mit Freunden genauso wie für die therapeutische Gruppenarbeit.

Peter Thiesen
PsychoKick – das Original
Das Kommunikationsspiel für Jugendliche und Erwachsene

2012, Kartenspiel in Stülpschachtel
120 Spielkarten und 4 Seiten Spielanleitung
Format 12,5 x 9,4 x 2,5 x 2,5 cm
€ 13,90
ISBN 978-3-7841-2036-2
(unverbindliche Preisempfehlung)

www.lambertus.de

SOZIAL | RECHT | CARITAS